「物語」の見つけ方
夢中になれる人生を描く思考法
How to evolve your STORY

たちばな やすひと

はじめに――あなたは人生の主人公になれているのか

「人生を夢中になって生きてみたい」

そんなふうに思ったことはないでしょうか？

人は夢中になると時間を忘れて没頭できます。趣味が楽しくて夢中になる時、仕事がうまくいって夢中になる時、この上なく集中することができ、ものごとがスムーズに進みます。そういった姿が周りに共感を抱かせたり、応援してもらえたりします。

何より自分自身が充実感を持ち、身も心も軽やかになるでしょう。

ではどうやったら夢中になれるのでしょうか？

必要なのは「自分の物語」が見つかっていることです。自分の物語とは、過去から現在、そして未来へと流れる自分の道です。自分が何を目指して、どう歩んでいけば良いかが分かることで、わき目もふらずに夢中になれるのです。

物語と聞くと、一般的には映画や小説などを思い出すでしょう。しかし、自分という主人公が、何かを目指し、誰かと向き合い、何かしらの行動をとるという意味で言えば、映画もあなたの人生も同じ物語です。**自分の物語を見つけ、主体的に描いていくことが、夢中になって生きる上では何よりも重要なのです。**

ですが、「あなたは自分の物語を見つけていますか？」と言われて、「はい」と答えられる人は少ないでしょう。選択肢だらけでロールモデルのいないこの時代に、本当の自分を理解し、未来に向かって続く自分の物語を見つけるのは簡単ではないからです。

そんな先行きの見えない時代、「どうすれば自分の人生を夢中で生きられるか」という問いに対して、「ストーリー思考」という手法を用いて解決策を示したのがこの本です。

「ストーリー思考」とは、物語の構成やキャラクターの作り方など、ストーリーを作る上での実践的な技術を、全く違うジャンルにも応用可能な思考法として体系化したものです。

ストーリーを作る技術を学び、人の心の動きまで理解できる思考法を持つことで、未来に向かう選択や決断にも迷わなくなります。そうして見つけた「自分の物語」は、夢中になって生きるためのブレない人生軸となるのです。

夢中に突き動かされて誕生した「全裸監督」

私はこれまでのキャリアの18年間を、ドラマや映画などの物語を作ることに費やしてきました。プロデューサーとしては20作品ほどのテレビドラマや映画に関わっています。私の代表作は２０１９年にNetflixで配信された『全裸監督』です。私にとっても挑戦でしたが、おかげさまでヒットし、人生を変える作品となりました。

この作品を企画したきっかけは、ある人に『全裸監督』の原作を渡されて読んだことでした。そこに描かれている村西とおるという人の破天荒ぶりは、想像を絶するものでした。とんでもない人がいたもんだと思い、自分の価値観が揺さぶられたのを覚えています。

正直なことを言えば、好意を持ったのとは違います。彼には前科もあり、私とは違うタイプの人間だというのは明らかでした。ですが、そこに抗えない魅力を感じてしまったのです。自分をさらけ出して欲望に忠実な姿が、自分にはないものとして映ったのでしょう。

その時私は、テレビなどでは作れない、既成概念や閉塞感を打ち破るドラマが作りたいという思いを持っていました。その根っこにあったのは「不良への憧れ」のような感情です。

最初は、自分が企画するようなタイプの原作ではないという葛藤もありましたが、次第に「この人の人生を自分の手でドラマにしたい」と思うようになりました。**共感とは違う。けれども、自分の心を揺さぶるようなこの男の人生を、自分の手で世に送り出したいと思ったのです。**

その後、幸運にもNetflixでのドラマ化が決まり、『全裸監督』はヒット作となりました。企画が進む過程で私は会社を辞め、フリーのプロデューサーになりましたが、そうまでしてもこの企画をやり遂げたいと必死にもがく姿を見て、出演を決めてくださった人もいました。プロデューサーというのは旗振り役ですが、企画が動き出していけば大勢のスタッフが関わっていき、私の力が及ぶ範囲は微々たるものになります。しかし、この作品が世に出るきっかけとなれたことは私にとって誇りです。

何があっても最後までやり抜こうと決めたあの日、私は「自分の物語」を見つけたのだと思います。つまり、村西とおるの「夢中」な生き方が私の心を動かし、それによって私も、夢中になって突き進めたのです。

自分の物語を見つけると、人は強くなります。力も湧いてきて、結果はともかく挑戦してみようと思えます。選択や判断に迷わなくなり、ものごとが進みやすくなります。

もちろん、全てが上手くいくわけではありません。それでも、あらゆることが自分ごとになるので、文句を言わなくなります。夢中になって取り組んでいる姿が、思っていたよりも共感を得られていることに気づき、それが次への原動力になります。

今の時代、自分の生き方を自ら描く力は必須です。たくさんの選択肢や情報から、最適なものを選び、自分の人生を作り上げていく力が求められています。

もし、自分を主人公にしたサクセスストーリーが描けるとしたらどうでしょうか。周りの人が共感し、応援してくれるような物語が描けるとしたらどうでしょうか。

私がこれまでドラマや映画を作ってきた方法論、具体的には構成やキャラクターの作り方は、自分の人生を具体的に描く上で大いに役立つと考えています。

「誰もが迷える時代に光を灯す「ストーリー思考」」

現代は選択肢だらけで、何が正解か分からず、自分が向かう先を決めることも大変です。

本来、ゴールさえ見つかれば、そこを目指すためのロードマップを作れますが、自分の掲げる夢や目標といったゴール自体が見つかりにくい時代です。

また、長いコロナ禍の生活の中で、さらにゴールが分からなくなった人も多いと思います。ただでさえ不透明な将来に対して不安が大きくなる中、外に出ない生活は自らと向き合う時間を私達に突きつけました。

私の経験で言えば、コロナ禍における最も大きな変化は、これほどまでに自分の顔をたくさん見るようになったことでした。オンラインミーティングでは、今でも私は自分の顔を見てしまいます。考えるとすぐに眉間にシワが寄るとか、そんな顔で笑うんだとか、自分のことを全く分かっていなかったことに気づかされました。

外に出られないことで、否が応でも自分と向き合う時間が増えました。「本当に自分がやりたいことは何なのか？」そんなことを考える時間が飛躍的に増えたのです。

そんな時間の中で、自分が歩むべき生き方が見つからないでいる人。

モヤモヤから覚醒して、人生に夢中になりたい人。

この本は、そんなふうに思っている人に向けて書いています。

では、そのために必要なことはなんでしょうか？

自分の生き方にモヤモヤしている人は、つい他人の意見や、世の中の動向に流されてしまいます。しかし、自分の人生に責任を取れるのは自分だけです。自分の人生は自分で描かなくてはいけません。

私は、皆さんが自分の力で、自分の物語を見つけ、作り上げ、夢中で生きられるようになって欲しいと思っています。

そこで役立つのが、ストーリーを作る技術です。魅力的な構成を描く技術、魅力的なキャラクターを作る技術というものがあり、実際にそういった技術を使って、たくさんの名作が作られています。

ストーリーを作る技術を学ぶことで、自分を主人公に見立てた物語を主体的に構築できるようになります。自身の生き方をストーリーとして考える思考と、それを作り上げるための技術、これらを身につけることで、本当に必要なものが何かを判断できるようになり、自分自身への理解も深まります。

そうやって真の自分を知り、最適なゴールを見定め、辿り着きましょう。

それは夢物語ではなく、必ず達成できる未来です。

ストーリーは結果より「過程」に魅力がある

この本では、「人生を描く」という抽象的なテーマに対して、感覚的な表現や聞こえの良い言葉を並べるだけではなく、できるだけロジカルに説明していくことを心がけました。

第1章ではストーリーの本質を、身近な作品や例から説明していきます。「期待させる」ことが重要だと理解し、その期待から組み立てていくことを学んでいきます。

第2章では、その期待を生み出すために必要であり、この本における最重要概念である「CQ（セントラル・クエスチョン）」を説明します。その上で、「人生の型」への応用や、共感を得られる「人生の目的」の作り方について学びます。

第3章では、掲げた目的から、それが達成されるクライマックスまでの過程を紡いでいく「構成」について学びます。ハッピーエンド以外のストーリーの型から、見る人が共感したり、応援したくなる展開を学び、生き方に応用する方法を考えていきます。

第4章では、「キャラクター」について学び、ストーリーを豊かにするキャラクターのタイプや、その役割について説明します。キャラクターの魅力がどうやって生まれるかを知ることで、自分の魅力を高める方法、周りとの最適な人間関係の作り方などが見えてくるでしょう。

第5章では、「共感」や「感動」といった心の働きまで踏み込み説明していきます。共感を手に入れるために本質的に必要なものを見極め、ブレない軸の作り方を学びます。

最後の第6章では、自分の核とも呼べる「世界観」を知り、作り上げる方法を見ていきます。そして、自分の物語を見つけた先に得られるものについて説明します。

「ストーリー」というのは、結果が全てではなく、その過程に魅力があることが最大の特徴だと思います。あえて言えば、すでに実績や名声を手にした強者より、これから結果を出そうと頑張っている人にこそ有効なものです。

通常、人々の関心や人気は強者に集まります。では、まだ何も成し遂げていない人は、一人で孤独に頑張るしかないのでしょうか？　そんなことはありません。

結果を出せていなくても、その志や、努力、挑戦、挫折といった過程を「物語」として昇華できれば、夢中で生きる人生に変わり、そこに共感や応援が集まるのです。

「人生を物語にする」と言われても「自分は主人公にはなれない」と思う人もいるかもしれません。これといった長所や特殊能力があるわけでもなく、やりたいことすら、まだはっきりと形になっていない人がほとんどだと思います。

確かに長所や才能や情熱があるほうが、目標が叶いやすいのは事実です。ただ、あなたがかつて憧れたストーリーの中にも、欠点や失敗ばかりの主人公はいなかったでしょうか。様々な人の助けを借りて徐々に成長し、最後にやっと夢を叶えた主人公もいるはずです。

物語は今からでも描けます。どうせ無理だと諦めるのではなく、無駄にした時間を後悔するのではなく、今から始めれば良いのです。

詩人ミュリエル・ルーカイザーは「世界は原子でできているのではない。物語でできているのだ」と言いました。全てはあなたの捉え方次第ですし、あなたの物語はあなた自身が見いだし、作り上げるものです。

自分には物語がないという人も、それはまだあなたが見つけていないだけです。あなたの物語はずっと前に始まっています。そして、見つけた瞬間から、自分自身の手で作り上げていくものです。

私は皆さんに、夢中で生きて欲しいと願っています。

それは単にやりたいことをがむしゃらにやればいいということではありません。

私の考える夢中とは情熱的でありながら沈着さも併せ持ち、主観的でありながら客観的で全体性を持ったものです。

夢中で生きている時の気持ち良さ、だからこそ得られる共感や感動。それを感じ、伸び伸びと自由に生きてもらいたいのです。


この本を読み終えた皆さんが、自分の物語を見つけ、創造的な人生を送れるように、精一杯並走したいと思います。

本書をお読みになる前の注意点

ストーリーの話をする上で、具体的な作品を例にして考えていくと理解がしやすくなります。そこで本書では、多くの人が知っている作品例として、日本における映画の歴代興行収入トップ3である『劇場版「鬼滅の刃」無限列車編』(以後『鬼滅の刃〜無限列車編』と呼びます)『千と千尋の神隠し』『タイタニック』を例にして、ストーリーの解説をしていきます。

この三作品に関しては、ネタバレありで書かせていただきますのでご了承ください(以後、「御三家映画」という代名詞で紹介します)。

特に『鬼滅の刃〜無限列車編』に関しては最も詳しく説明しており、本書のサブテキスト的な位置づけとお考えください。

多くの人を惹きつけた作品から学べることは多いので、ぜひ一度、観てみることをお薦めします。

第1章
誰の人生にも「物語」がある
——「ストーリー」の話

第2章 何を目的にすれば、夢中で生きられるのか
――「CQ」の話

第3章 人生の展開をどのように描いていくべきか
——「構成」の話

第4章 人生の登場人物達と、どう向き合っていくか ——「キャラクター」の話

第5章 なぜ「物語」は、私達の心を動かすのか ――「共感と感動」の話

第6章 「物語」を見つけた人が手にするもの ――「世界観と自由」の話

第1章

誰の人生にも「物語」がある

――「ストーリー」の話

「結果」よりも「過程」が重要な時代

自分の「人生の物語」を見つけると、夢中になって生きることができる
進むべき道が見えて迷いがなくなり、その姿は周りから共感される
時には周りを感動させることもある
そのために、ストーリーの作り方を学び、型やセオリーを身につける必要がある
ストーリー思考で、自分の本当の物語を見つけ、夢中になれる人生を手に入れよう

これが、この本で皆さんにお伝えしたいことです。

「夢中」になって生きている状態は、素晴らしいものです。人それぞれ幸せの価値観は違うと思いますが、どんな夢であれ、どんなゴールであれ、夢中になって取り組めることが何より大切だと私は思っています。

実際、夢中になっている時はパフォーマンスも上がり、やる気も湧いて、夢や目標に届きやすいはずです。周囲の声に惑わされることなく一心不乱に突き進む。未来や過去から解き放たれて、ひたすら「今」に集中する。たとえ困難な状況でも、くじけることなく、むしろその苦境さえ楽しみに変えてしまう。夢中にはそんな力があります。

しかし、皆さんはこう思うかもしれません。

「夢中に生きること自体には賛成。ただ、どうやって夢中になれるのかが分からない」と。

今の世の中では確かにそうでしょう。一昔前の時代には、みんなが理想とする生き方がありました。有名大学を卒業して、一流企業に入り、出世して、マイホームを持つ。そんな誰もが疑わない「幸せ」があったから、そこに向かって夢中になって突っ走れたのです。

ですが今の時代は、良くも悪くも選択肢が多種多様です。「専門大学でスキルをつけるのか」「ベンチャー企業で若いうちから経験を積むのか」「転職してキャリアアップしたほうが良いのか」「柔軟に対応できるように持ち家より賃貸のほうが良いのか」。世の中が便利になるにつれて、人生の選択肢が格段に増えています。

何か決断しようとしても、ふとＳＮＳに目をやれば様々な情報が入ってきて、隣の芝生が青く見えます。情報過多な時代で、迷わず夢中に生きることは簡単ではありません。

ストーリー思考で、自分の「物語」を見つける

夢中になれない。この悩みの本質は、自分の生きる道が分からないことに尽きると思います。**目指すゴールが分からないから、その過程で何を選択すればいいのかが分からないのです。**

それを解決するのがこの本でお伝えする「ストーリー思考」です。「ゴールを定めてそこに向かう過程を描く」とはまさに、映画やドラマなどのストーリーを作ることと同じです。ストーリーを作る技術や、ストーリー思考と呼ばれる思考プロセスを身につけることで、自分の生き方を見つめ、そこに潜んでいる「自分の物語」に気づけることでしょう。

ちなみに、私は「物語」と「ストーリー」を区別して使っています。本来、辞書的には同じ意味ですが、物語という言葉に、ストーリー以上に少し素敵な響きを持たせたいという思いがあるのです。

皆さんが「ストーリー」と聞いて思い浮かぶものはなんでしょうか？　映画やドラマ、小

説、演劇といったエンターテインメント作品でしょうか。しかし、広い定義でストーリーを捉えてみると、その限りではありません。

朝起きて新聞やネットで読むニュース、家族との会話、通勤途中に遊んでいるスマホゲーム、仕事での打ち合わせやプレゼン、同僚との雑談や語らい、家に帰って見るテレビやYouTube……。これら全てのものにストーリーがあると言えます。現代では、人は常にストーリーを消費しながら生活しているのです。

一方で、私にとっての「物語」とは、情報的なものではなく生き様そのものです。**誰かが主体となって生み出し、そこに生き様を感じるものを「物語」と呼んでいます。**

私は、皆さんにも、主体的で自分の生き様がこめられた「物語」を生きて欲しいと思っています。それは結果、夢中に生きるのと同じ意味を持ちます。

物語：誰かが主体となって生み出し、生き様を感じるストーリー

今後、基本はストーリーという言葉を使いますが、たまに出てくる「物語」という言葉には、ストーリーよりも情熱的で、思いや輝きのほとばしる、そんなニュアンスを感じてもらえると嬉しいです。

それではまず、これほどまでにストーリーが重要だと言われている時代背景について、簡単に確認していきたいと思います。

ビジネスでもストーリーの「伝える力」は大切

ストーリーの重要性は、ビジネスの場でも注目されるようになりました。「ストーリーによって購入意欲が倍増する」とか「消費者は商品の背景にあるストーリーでモノを買う」などと、ビジネス書や雑誌に書かれているのを見たことがあると思います。

こういったビジネス上で使われる「ストーリー」は、その時間を楽しむためだけでなく、商品やサービスを購入してもらうという目的があるため、映画やドラマ、小説における「ストーリー」と少し違うニュアンスを感じるかもしれません。

しかし、人の心を動かすという意味では同じです。映画やドラマは、その時間を楽しんでもらいつつ、テーマ性を感じさせ、その後の人生に影響を与えます。同様に、広告などビジネス上のストーリーも、人の心を動かし消費に至らせます。結果として起こす行動が異なるだけで、心を動かしてその動機をつくるという意味では同じなのです。

そういったストーリーの力によって、近年、人々の消費行動が大きく変わっています。カタログ的なスペックや機能で決めるのではなく、商品にまつわるストーリーが重要になってきたのです。広告やコマーシャルを見ても、機能を数値的に表現した情報よりも、背景にある想いや歴史を前面に打ち出した表現が増えています。

私自身、そういった表現に心を動かされ、購入を決定することが増えてきました。以前からクラフトビール、特に様々な地方で造られる地ビールが好きですが、生産者の顔が見えたり、商品名やデザインを含め、その土地ならではの世界観やストーリーが味わえたりすると嬉しくなります。同じような経験は、皆さんもきっとあるでしょう。

また、ストーリーが重要になっているのは、企業と消費者のコミュニケーションだけではありません。企業やあらゆる組織の中で、ストーリーは重要な役割を果たしています。

例えば、とある鉄道会社には「ストーブ談義」という伝統があると聞きました。運転士さんの休憩所にある「だるまストーブ」に日々、先輩や後輩が集まり、そこでの会話によって運転技術やその魂がストーリーとして代々受け継がれていくのです。

ビジネスの現場におけるストーリーには「動機付け」と「ビジョンの共有」という機能があると言えるでしょう。会社の歴史や、顧客のニーズに対してどう向き合ってきたか、それを単なる情報ではなく、自分達の視点によるストーリーにして伝えることで「文脈の共有」が強固になるのです。

それによって、チームや組織の結束力が高まったり、自分達がやらなければいけないという使命感が生まれたりします。

これは古くから「神話」という形で国の成り立ちを共有してきたことと同じと言えます。人はかねてから、ストーリーの力で自分達のアイデンティティを保ってきました。「大きなストーリー」の一部になっていることで、存在意義を持ちやすくなるのです。

ビジネスにおけるストーリーの力
・商品やサービスにかける思いや背景に共感させ、心を動かし、購入に繋げる
・チームや組織で「文脈」を共有し、結束力や使命感を高める

このようにビジネスのいたるところでストーリーが重視されていますが、では個人においてはどうでしょうか？

「ストーリーという連続性が「いいね！」に繋がる」

個人においても、現代ではたくさんの「ストーリー」が発信され、全ての人がクリエイターとも呼べる時代になっています。InstagramやFacebook、TwitterといったＳＮＳで多くの人が、その日の出来事や、食事や衣服といった自分のライフスタイルなどを発信しています。私達は日々、他者の人生というストーリーを、ＳＮＳを通して見ているのです。

「どんな理由で購入したのか」「使ってみてどうだったか」という情報は、時に強い説得力を持って私達の購買行動を促します。今やマス広告より、インフルエンサーと呼ばれるカリスマ素人のほうが購買に繋がる影響力を持つこともある時代です。

多くの人がSNSを通して発信し、自己実現のためにその影響力を利用しています。


ではそんな影響力を持った人達の発信に共通することは何でしょうか？

もちろん、写真や文章が魅力的ということはあるでしょう。私はそれにプラスしてタイムラインにどのような流れで投稿されているかという「連続性」が重要だと考えています。

私達が「次も見たい」と思うのは、単発のネタの面白さというよりは、日々投稿される写真やテキストの連続性です。その連続性から発信者の人柄やライフスタイルを含めたストーリーを感じることで、共感や好意を覚えて、その後の活動や発信にも注目するのです。

プロセスが価値を持つ時代

なぜ現代では、いたるところにストーリーが溢れているのでしょうか。一つには、個人が企業と同じように発信できるようになって情報量が増えたことが挙げられます。ＳＮＳを含めた情報チャンネルの多様化を背景に、ストーリーがただ受け取るだけでなく発信されるものになってきたのです。

そして、これまで「情報」と呼んでいたものを「ストーリー」と置き換えて呼ぶようになったことも理由として挙げられるでしょう。思い起こすと、20年ほど前、インターネットの波が到来した時に、あらゆるものを「情報」と呼ぶ時代がありました。今の時代は同様に、あらゆるものを「ストーリー」と呼んでいると感じます。

かつては情報自体に価値がありましたが、インターネットによる情報革命が起こり、情報自体に価値はなくなりました。**現代においては、情報をストーリーに昇華して、価値を生み出すことが重要なのです。**

プロセスエコノミーという考え方の登場

最近では完成品を売るのではなく、過程を見せてマネタイズをする「プロセスエコノミー」という言葉も聞かれるようになりました。

過程をいかにストーリーとして発信できるかが、ビジネスにおいても個人においても求められているのです。

プロセスエコノミー：結果ではなく過程に価値がある時代

一昔前の時代は、財産や所有物といった目に見えるものが、自らの幸せを裏づけると信じる人が多数派でした。しかし、「モノ溢れ」の時代になり、「所有」より「体験」に価値が移行しています。

私自身、「お金と時間があれば何をしたい？」と聞かれたら「旅行」と答えます。近年、多くの人の興味がモノからコトへ移行しているのを感じています。

そしてコロナ禍を過ごしたことで、さらに多くの人が、自分が体験するものにお金を使うことが多くなり、目に見えない「日々の居心地や快適さ」を求めるようになったのではないでしょうか。

情報は「ストーリー」になることで共感される

この「体験や精神的豊かさを求める流れ」と「情報ではなくストーリーによって心に訴える流れ」が重なった現代。そこに浮上してきたのが「共感」の重要性です。

多くの人が、自分の心を動かすものに価値を感じるようになりました。外側の価値ではなく、自分の納得度や精神的豊かさ、共感度を頼りに自分の心を震わせてくれるものを求めているのです。

しかし共感というのは簡単に得られるものではありません。同じような活動やビジネスをしている人であっても、その発信に多くの「いいね」やコメントがつく人がいれば、あまりリアクションをもらえない人もいます。

自分も同じような発信をしているのになぜ応援してもらえないのだろうと思う人もいるでしょう。輝いている人を見ていると、自分の存在をちっぽけに感じたり、自分の活動に疑問を持ってしまったりするかもしれません。

同じようなことを発信しているのに共感を得られる人とそうではない人がいるのはなぜなのでしょうか？

それこそが「情報」が情報のままの意味しか持たないか、「ストーリー」となって共感を生むような価値を持っているかの差なのです。

夢中になって生きる姿に、共感が集まる

結果よりプロセスへの共感が重要な時代ではストーリーのある人間が注目を集め、支持されます。それでは、ストーリーのある人間とはどんな人でしょうか？

私が「生き方にストーリーがある」と感じる人として、三浦崇宏さん（「The Breakthrough Company GO」代表 PR／クリエイティブディレクター）の名前を挙げたいと思います。

以前、オンラインメディア「NewsPicks」で、三浦さんのドキュメンタリー番組を制作する機会がありました。三浦さんは、仕事の合間や移動中などに、自身の仕事や世の中に対する思いをTwitterやInstagramに投稿していくのですが、そのスピードとクオリティには本当に驚かされました。

三浦さんは息を吸って吐くように、自身の考えや置かれた状況について発信していきます。メモ帳代わりとでも言うくらいに、鮮度高く自分の思考を発信している三浦さんのスタイルはとても新鮮でした。

実際には一つ一つの投稿も示唆に富み、魅力的なのですが、何度も投稿することで、点ではなく線や面といった厚みが出てきて、総合的に三浦崇宏という人物像が浮かび上がっています。

もちろん、多少は演出も入っているかもしれません。しかし、時には自分の弱みをさらけ出したり、時事ネタを想起させつつ自分のスタンスを述べることで、三浦さんの「挑戦にコミットする人生(物語)」というものが常に感じられるのです。

ストーリーの持つ余白に共感が生まれる

ストーリーのある生き方をしようと言われても、実際どうすればいいかは、まだピンとこないかもしれません。

そこで本書では、冒頭でも述べたように、エンターテインメントにおけるストーリーの作り方を応用して、夢中になれる生き方を設計する方法を紹介していきます。

映画やドラマは、情報をストーリーにして伝えることで、人の心を揺さぶります。観客を登場人物達の感情に引き込み、楽しませたり、悲しませたり、感動させたりします。

ストーリーというのは、伝えるのにも時間がかかります。ドラマや映画などは、1時間や2時間かけてものごとを伝える回りくどい手法です。その作品の「あらすじ」や「メッセージ」は、要約すれば3分で伝えることもできるでしょう。しかしそれでは、情報としては伝わっても同じ感動は起こせません。余白を持ったストーリーだからこそ、共感や感動が生まれるのです。

それは皆さんの人生でも同様でしょう。学歴や経歴、今のポジションや過去の実績といったデータや情報では、あなたの真の魅力は伝わりません。

あなたがやってきたこと、取り組んでいること、深く考えていること、未来に思い描いていること、それら点と点が線となって繋がれ、ストーリーになった時に、相手の心を動かすのです。

ストーリーの描き方は型やセオリーに学べる

ストーリーが重要というのは理解した、けれど「ストーリーを作るのは簡単ではない」「一部の才能ある人にしかできないのでは？」と、そんなふうに考える人も多いと思います。

実際、多くの人が自身のストーリーを発信し、その重要性が理解されていながら、ストーリーを作る技術を習う機会はほとんどありません。小説や映画、演劇などの芸術活動を志す人だけが、時に独学でその技術を習得してきた程度だと思います。

そういった芸術活動に縁がなかった人にとっては、ストーリーを作る技術と言われてもピンとこなくて当然です。シナリオ講座のようなところで習う専門的なもの、という印象かもしれません。

しかし、生き方に応用できるストーリーの作り方を、技術として学ぶことは可能です。**ストーリーの要素である「構成」「キャラクター」の描き方には、それぞれ型やセオリーがあり、多くの名作からもそれを学ぶことができます。**

文法を学ばないと文章が書けないように、人に何かを伝える時には効果的に伝えるための技術や型があります。演技のレッスンをしないと役者になれないのと同じです。自分をストーリーとして発信する場合にも、学ぶべき理論や型があるのです。

次の章からは、私がこれまでテレビドラマや映画、ドキュメンタリーなどを作ってきたノウハウなどから導き出した「ストーリーの作り方」「効果的な表現・演出の仕方」を皆さんに伝えていきます。細かい専門テクニックというよりは、本質を理解し思考法として身につけてもらいたいと考えています。

見る人の心を掴むストーリーの型がある

中には「自分の人生には、発信できるようなストーリーなんてない」と感じる人もいるかもしれません。でも安心してください。誰の人生にも「ストーリー」はあります。それは意識を変えて自分と向き合うことで見つかるものなのです。

実際、皆さんもストーリーを意識して行動した経験はあるはずです。例えば、友達に最近あった面白い話をする時に、オチが盛り上がるように自分なりに話の展開を考えてみたり、重要な選択をする時に、その後のリスクを考えてみたりといった、ストーリー的な想像力を働かせたことがあるでしょう。

見る人の心を掴むストーリーの型を知っていれば、あなたの頭の中にぼんやりと浮かぶ夢をそこに落とし込み、注目と共感を集める目標設定ができます。同様に、思わず引き込まれる構成の技術をマスターすれば、目標の実現に必要なステップが見え、そのための決断もしやすくなるでしょう。さらに、魅力的なキャラクターの作り方のコツを知っていたら、周りの人に応援されやすい自分になれるはずです。

そういった技術や思考法を身につけることで、主人公として夢中になれる人生を描けるばかりか、見る人の心を掴み、感動を呼ぶ生き方ができるのです。

ストーリーの本質は「変化」

生き方をストーリーにする重要性をお伝えした上で、ここからは、ストーリーの本質をつかんでいくための話をします。ストーリーの必要条件は何かと問われたら、皆さんはどう答えるでしょうか？　意外と難しいのではないかと思います。

ストーリーは基本的に「構成」「キャラクター」から成り立っています。

その上で私自身は、ストーリーの定義をできるだけミニマムに表現しようと考えた結果、次のように言語化しています。

ストーリーの定義：主体（主人公）がいて、変化があること

ちなみに主人公と主体は厳密には違います。

例えば『シャーロック・ホームズ』では主人公はホームズ、主体はワトソン。『ドラえもん』で言えば、主人公はドラえもん、主体はのび太になります。主体はそのストーリーの起点や視点となる人物で、必ずしも主人公とは限りません。

『タイタニック』でも同様で、主人公はレオナルド・ディカプリオ演じるジャックですが、主体はローズになります。それは、ストーリーがローズの回想という形で進んでいく形式から分かります。

多くの場合、主体と主人公は一緒なのですが、厳密には違うため、以降はそのように書き分けていきたいと思います(詳しい定義は第4章「キャラクターの話」のところでまた説明します)。

「ゴールまでの変化が意味やテーマを生む」

ストーリーとは「主体(主人公)がいて、変化する」ことだと述べました。多くの場合、主体がどういった変化をしていくかが、ストーリー全体の意味やテーマに繋がると言っても過言ではありません。

「御三家映画」の中で説明するなら、主体の変化という点では『千と千尋の神隠し』が分かりやすいでしょう。映画の冒頭、主体の千尋は、お父さんの運転する車の後部座席で気力の無い様子でいました。それが、様々な経験をして元の世界に戻ってきた時には、明らかに成長した様子で描かれています。

『タイタニック』で言えば、主体のローズは温室育ちのお嬢様であったのが、ラストでは一人で生き抜く強さを身につけています。このように、ほぼ全てのストーリーにおいて、その最初と最後で主体に変化が起きています。

私がストーリーを作る際にも、主体だけでなく他のキャラクターも含めて、「最初と最後でどのような変化を作るか」をまず考え、その変化に意味を込めます。

このようにストーリー作りは、最初と最後の状態を決めて、その過程を埋めていくことから始まります。そこで生まれた変化によって、意味やテーマ性も生まれます。**ゴールを定めることが、人生をストーリーにしていく上でとても重要な出発点となるのです。**

人は勝手にストーリーを作る生き物

ストーリーを通して「主体がどのように変化するか」を決めたら、次はその間を埋めていきます。例えばスタートとゴールで、主体に次のような変化があるとします。

スタート　：主体である少年が、強い男になりたいと思う
ゴール　　：格闘技の試合で初勝利する

このようなスタートとゴールの設定を見ただけでも、自然とその間に起こるであろう出来事が一つや二つは想像できるかと思います。一度はボコボコにやられたり、才能の貧しさに諦めそうになったり、親に反対されたり、あるいは途中で女性と恋に落ちたりするかもしれません。

少し余談になりますが、このように「勝手に間を埋める想像力」というのは、人間が持っているすごい力だと思います。「つじつま」を合わせる能力と言ってもいいでしょう。

人には「分からないもの」を放っておけないという本能があり、「分からないもの」は「分かるもの」にしないと気が済まないのです。それは生存を脅かす可能性のあるものをつぶしておくためでもあるのだと思います。

「分からないもの」を見た時に、過去の経験から脳が自動的に類推して「分かるもの」にしようとするこの本能こそ、ストーリーが生み出される源泉とも言えるものです。

「プロセス次第でストーリーの印象が変わる」

ストーリーの本質に話を戻しましょう。スタートとゴールがあり、その間を次の展開で組み立てるとします。

①主体である少年が、強い男になりたいと思う
②フラッと立ち寄ったジムで、受付の女の子に一目惚れして入会を決める
③さっそく張り切って練習開始。ジムの会長に素質があると言われる
④基礎が大事と言われるが、我流でトレーナーの言うことを聞かない

⑤ある日、家に帰ると格闘家を目指していることが親にバレて大反対される
⑥次の日、ジムの一番強い先輩に無謀にも挑んでコテンパンにやられる
⑦もう格闘技をやめようと思うと、受付の女の子が声をかけてくる
⑧実はその子は会長の娘で、会長が「あいつには才能があるから基礎からやればきっと伸びる」と言っていたのを知る
⑨もう一度やる気になり、次の日、会長に頭を下げ、地道に練習しだす
⑩そしてある日デビュー戦のチャンスがくる
⑪死闘の末、初勝利する
⑫会場にはこっそりと親が来ていて、試合後、頑張ったなと褒めてくれる

こうやってスタートとゴールの間を埋めていくと、なんとなくストーリーの全体像がイメージできると思います。ベタな展開を詰め込んでいるので、既視感すらあるのではないでしょうか。

それに、起きる出来事は同じでも、順番を変えるだけでストーリーの印象は変わってきます。例えば、強い男になりたいという気持ちが先ではなく、受付の女の子に一目惚れし

た出来事からスタートすれば「ラブストーリー」になります。あるいは、親に反対されるシーンがもっと早く印象的に出てくれれば、観客は「親との関係はどうなるんだろう」という期待を持ち、親子関係が軸となる家族ドラマになっていくのです。

このように構成の作り方一つでストーリーの印象は変わり、見る人の受け取り方も変わります。

ストーリーを作ると言われると専門的で複雑なことのように聞こえますが、目指したいゴールを決めて、そこに向かってどういう順番で出来事を起こすか決め、変化を起こしていく。そんなシンプルなことなのです。

スタートとゴールを決め、その過程を変化させる「構成」に関しては第3章で詳しく説明しますので、楽しみにしていてください。

ストーリーに必須の「TRUE」と「期待」

ここまで、「ストーリーとは何か？」について解説し、作るための技術は習得可能だともお伝えしてきました。それを学ぶことで、皆さんは自分のストーリーを描くことができ、その先に夢中になって生きる人生が開けます。

それでは、そのために必要なことは何でしょうか？　もちろん、挙げていけばいくつもあるのですが、特に重要な二つのことを説明したいと思います。

- **常に「TRUE」であれ**
- **全ては「期待」から始まる**

一つめの「TRUE」は、私が以前「NewsPicks」でドキュメンタリーを撮らせてもらった麻野耕司さん（「Knowledge Work」代表取締役CEO）から教わったことです。

社内ナレッジの共有・活用を支援する会社を経営する麻野さんは、インタビューの中で「誰も陰口を叩かない会社であれば、社員は安心して働ける。何かあれば堂々と言えばいい」と話して「みんなでＴＲＵＥであろう」と伝えていました。実際、麻野さんが起業した「Knowledge Work」の企業理念スタイルには「Be true」が掲げられています。

私はこの「ＴＲＵＥ」、つまり「誠実であろう」「自分を偽らない」という考え方に感銘を受けました。私もそうでありたいと、よく思い出す言葉です。

ストーリー作りの技術を学んで活かそうと思うと、ともすると生き方を捏造することに繋がりかねません。ですが、最初に言っておきたいのは「ＴＲＵＥ」でなければならないということです。

他人にウケるように自分の目指す方向を変えたり、自分の行動を「盛る」のではなく、自身の生き方と向き合うことで、真の道を見つけ紡いでいきましょう。そうでないと、あなたのストーリーは決して共感、感動を呼べませんし、あなた自身も夢中になれません。

自分を偽らずに、とことんまで「TRUE」でいることが重要です。他人や社会の目線など、気にしすぎないでください。逆に「TRUE」でいることの難しさという、新たな壁に気づくかもしれません。

一つめの合言葉「TRUE」は、この本を読む間、意識し続けてください。

期待があるから共感や満足が生まれる

そして二つめに重要なこと。それは全ては「期待」から始まるという原則です。期待が生まれることで、周りからの共感や応援が生まれ、自分が夢中で生きることの後押しをしてくれます。期待のないところには「共感」も「満足」も生まれません。

人間の感情は、事前の予測と結果の差から生まれるため、期待していないことには共感も満足もできないのです。

これは第2章で話す「ストーリーの話」や、第3章で話す「構成の話」、第4章で話す「キャラクターの話」にも通じることです。

第2章の「ストーリーの話」では、目的の持つ切実さがいかに重要かという話をします。その切実さによって、「こうなって欲しい」という期待が生まれることが何より大切だからです。

第3章の「構成の話」では、心を動かす「展開」の描き方を学びますが、それも周囲の人に抱いてもらった期待を維持し、「最後まで見届けたい」と思ってもらえるように、展開を意図的にコントロールしていくためです。

第4章の「キャラクターの話」でも、キャラクターが持つ外的要素、内的要素に対する期待が原動力となり、役割への期待に応えられるかどうかがキャラクターの魅力を決めるという話をします。

つまりストーリーは、ほとんどの場合、「期待」から「満足」、あるいは「期待」から「緊張」を経ての「解決」といったステップを描きます。その結果と過程が人の心を動かしているのです。

ストーリーによって起きる心の変化

・「期待」→「緊張」→「解決」→「満足」

これはストーリーだけでなく、あらゆるジャンルで人の心を動かすための原則でもあります。ベースとなっているのは、人の感情が予測と実測の「差」から生まれているという科学的な事実です（この話は第5章で詳しく説明します）。その原点となるのが「期待」であり、まずはいかに期待を生み出すかということを、「夢中に生きる」ための第一歩として次章、学んでいきたいと思います。

第2章

何を目的にすれば、夢中で生きられるのか

――「CQ」の話

期待を明確にして見届けてもらう

周りの人は、あなたに対してどんな「期待」を抱いているでしょうか？

人生においては、あなたの「夢中」と周りの「期待」が一致していることがとても重要です。そこがズレていると、空回りしてしまいます。**夢中と期待が一致していることで、共感や応援も生まれ、夢や目標の達成も近づくのです。**

期待を集めることの重要性は第1章の最後にも述べましたが、それは映画の予告編を例にすると分かりやすいでしょう。

映画の予告編は、興味を持ち、本編を見たいと思ってもらうことを目的にしています。その際には「何に期待すればいいかを明確にすること」が大切です。ストーリーが始まる時に抱いて欲しい期待と、クライマックスで得られる満足が何かを伝え、「クライマックスをこの目で確かめなければ！」と思わせられるかが重要なのです。

いくら良い本を書いても、書店で埋もれて手に取ってもらえないようでは意味がありません。自分のストーリーを発信し、共感や応援を得るためには、まずは注目してもらう必要があります。その注目を生み出す意味でも、期待を持ってもらうことは重要なのです。あなたの人生というストーリーの予告編を作るとしたら、見る人はどのような「期待」を抱くでしょうか。

そして周りからの期待というのは、生きる活力や存在意義にも繋がります。周りの期待の大きさは、目的や夢の価値を表すとも言えるでしょう。**期待を持ってもらえることで、自然と活力が生まれ、人生に対して夢中になれるものです。**期待に呑み込まれては本末転倒ですが、自分がやりたいことが定まった上で、周囲から集まる期待が大きいに越したことはありません。まずは、自分がどれだけ大きな期待を抱かせることができるか、という視点でこの後を読んでみてください。

この第2章からは、自分の中にある「物語」を見つけるための具体的な手法に入っていきます。最初のとっかかりとしてお伝えするのが、第1章でも話した「期待」を生み出すための「目的」の設定についてです。

ＣＱ（セントラル・クエスチョン）で期待を集める

自分の物語に気づき、それに注目してもらう方法を見つけるためには、ある概念を学ぶ必要があります。それが「ＣＱ（セントラル・クエスチョン）」というものです。

ＣＱはもともとストーリーを作る上での概念ですが、人生においても応用可能であり、本書で最も重要な学びと言っても過言ではありません。

ここでもまずは、映画や小説などの作品を例に見ていきましょう。映画や小説などでは、ストーリーの軸になる問いがあります。例えば次のようなものです。

「主人公は迷宮の謎を解き、宝物を手に入れることができるだろうか？」
「果たして二人は無事に結ばれるだろうか？」

これが「ＣＱ」と呼ばれるもので、見る人が「何に期待して見ればいいか」を表現したものです。クエスチョンなので問いかける形が基本ですが、ＣＱ自体が「成し遂げるべき目的」や「克服すべき課題」を指し示す時もあります。

ＣＱ【セントラル・クエスチョン】：何に期待して見ればいいかを指し示す

先ほど映画の予告編の例を出しましたが、予告編とはＣＱを伝えるためのものと言えます。作品に期待を抱いてもらうには、どんなキャラクターが出てきて、どんなストーリーが繰り広げられるかをコンパクトに伝えて興味を持ってもらう必要があります。それを表したのがこのＣＱなのです。

「コンパクトで強いＣＱが期待を生む」

文字で伝えても分かりにくいと思いますので、ここで実際の予告編を見てみましょう。可能なら一度『鬼滅の刃～無限列車編』の予告編を見てもらいたいです。おそらくYouTubeなどの動画配信サイトに公開されていると思います。いくつかのバージョンがありますが「本予告」で検索すると出てくる1分30秒くらいのものが、公開前のメイン予告になるため、それを見てください。この予告編を見て、映画のCQが何かを考えてみて欲しいのです。

予告編を見ると、まず本作の敵、そして主人公達が紹介され、戦いが始まるところで終わっています。最後に「その刃で悪夢を断ち斬れ」というキャッチコピーが出てきて、期待感を煽る形で終わります。この予告で提示されているCQは次のように言えるでしょう。

CQ：「果たして、竈門炭治郎《かまどたんじろう》は無事に任務を達成できるだろうか？」

CQで最も大切なのは、相手に期待をさせることです。人は、何に期待すればいいかが分からないとストレスを感じます。特に、情報が溢れている現代では、短時間で相手の心を掴む、つまり「期待」させる必要があります。そのため、できるだけコンパクトに強い印象でCQが何かを提示することが重要なのです。

あらゆるストーリーに必要となるCQですが、この構造はシンプルに「主体＋目的」で表すことができます。**つまりCQは「果たして主体は目的を達成できるだろうか？」という形で表現されるのです。**例えば『千と千尋の神隠し』であれば「果たして、千尋は無事に元の世界に戻れるだろうか？」といった形になります。

期待の湧かないＣＱは意味がない

それでは、このＣＱを人生に当てはめてみるとどうなるでしょう。まずは自分の仕事で考えてみると分かりやすいかもしれません。私であれば、ドラマや映画のプロデューサーとして「果たして、たちばなは多くの人を楽しませるストーリーをプロデュースすることができるだろうか？」というような言い方ができるでしょう。

肝心なのは、それを聞いた人が結末に期待し、それを見届けたいと思えるかどうかです。私であれば、先ほどの言い方より「果たして、たちばなは『全裸監督』以上の作品をプロデュースすることができるだろうか？」のほうが、期待が湧きやすいと言えるでしょう。

このように、難易度を上げたり具体的にしたりすることで、期待値が上がるのです。

反対に、ＣＱに悪い例があるとすれば、それは「何に期待をすればいいか分からないＣＱ」です。例えば「果たして、たちばなは成功できるだろうか？」といった漠然としたものでは何に期待していいか分かりません。「果たして、たちばなはフルマラソンを走り切ることができるだろうか？」も同様で、マラソンを走る意味が共有されないと、勝手に走ればいいと思われ、期待に繋がりません。

かといって、そこに至る設定や思いを長々と説明しているＣＱも良くありません。できるだけコンパクトに強く惹きつけることが重要なのです。

ぜひ一度、自分のＣＱがどうやって表現できるかを考えてみてください。もし現時点で自分のＣＱが思いつかないという人も、安心してください。この後紹介していくＣＱの型を知れば、きっと見つかるはずです。

「ストーリーの原型と言えるＣＱ三つの型」

ＣＱは「主体＋目的」で構成されると話しました。これをもう少し掘り下げていくと、ＣＱの型は次の三つに分けられます。

Ａ　主体＋目的
Ｂ　主体＋客体の目的
Ｃ　主体＋障害

ＣＱの型は三つあると言っても、本質的には「主体＋目的」に集約されます。ただ、それぞれの型に特徴がありますので、私は三つに分けて説明するようにしています。

自分の人生がどの型になるかが分かることで、生き方の軸が見え、ひいては進むべき道が分かるでしょう。また、それぞれの型の効果的な見せ方を知ることで、共感や応援も生み出せるようになります。

それでは一つずつ、説明していきましょう。

CQタイプA「主体＋目的」型

まずは基本と言える「主体＋目的」型から見ていきましょう。この型は、冒険ストーリーやサクセスストーリーなど、主人公が夢を叶えるまでを追ったストーリーと考えると分かりやすいです。

最も有名な作品で言えば、「海賊王におれはなる！」のフレーズでお馴染みの『ＯＮＥ　ＰＩＥＣＥ』でしょうか。『ＯＮＥ　ＰＩＥＣＥ』のＣＱは「果たして、ルフィは海賊王になれるだろうか？」という言い方になると思います。

他にも、スポーツを題材にしたストーリーなら「甲子園に出たい」とか、ラブストーリーなら「片想いのあの人と結ばれたい」といった夢や目的を明示して進んでいくストーリーです。

この型で重要なのは、主体が目的に向かう姿に対して、期待が発生し「見届けたい」と思えるかどうかです。例えば「年収２０００万円を目指す」といった自己満足だけのＣＱだと、周りは見届けたいとは思ってくれないでしょう。

目的達成までの過程（プロセス）を見届けたいと思えることが重要なのです。

もちろん、目的は小さいより大きいほうが望ましいでしょう。簡単に叶う目的よりは、達成困難な目的のほうが応援されるものです。**その上で、気をつけなければいけないのは、分不相応で大き過ぎるＣＱも避けたほうが良いということです。**「どうせ無理」と思われると期待したいという気持ちにはなりません。逆効果になるのです。

切実な目的がＣＱを強くする

「期待を抱き、見届けたいと思える目的」と言われると悩んでしまうかもしれません。

しかし、意識して欲しいのはシンプルなことです。自分にとってどうしても成し遂げたいと思うものにして欲しいのです。私はそれを「目的は切実であればあるほど良い」という言い方をしています。

「切実」というのは、なにも悲しいニュアンスではなく、それほど必死に、どうしても達成したい思いが感じられるかどうかです。**どうしてもそれを叶えなくてはいけない「切実さ」があると、人はその目的に期待し、見届けたくなります。**

これまでの時代は、目的が大きいことが重要であったと言えるかもしれません。もちろん現代でも、大きなチャレンジをしている人に注目が集まるのは変わりません。しかし、結果の大きさに対する期待より、その人がなぜそれをやり遂げたいのかという切実な理由、そこに込められた動機（Ｗｈｙ）が重要になってきているのです。

ＣＱの目的は切実であればあるほど良い

「主体的に人生を歩みたい人は「主体＋目的」型ＣＱを」

「主体＋目的」は全ての基本になり、王道と言える型です。この型に向いているのは、明確にやりたいことがある人でしょう。夢や目的が明確で、叶えたいという気持ちが強く、そこに真っ直ぐ進みたいという人には向いています。また、目標を周りにアピールすることが苦にならない人には、よりお薦めです。

「主体＋目的」型は、昔からアニメや漫画の主人公に多いのですが、最近の実写映画やドラマでは少ないと言えるかもしれません。理由の一つに、出る杭は打たれやすい時代ということもあると思います。海外などに比べて、同調圧力の強い日本において、突き抜けて夢を叶える姿というのは時に嫉妬の対象になりやすく、共感、応援してもらうのは、難しいところもあります。

しかし、そんな時代だからこそ、この型のＣＱを掲げる人には注目が集まるとも言えます。周囲のことはそこまで気にせず、強く目的に向かっていける人は、堂々とこの「主体＋目的」の型で、自分の人生を歩んでいくのが良いと思います。「ＴＲＵＥ」であればあるほど、この型は力強く進んでいけるのです。

CQタイプB「主体＋客体の目的」型

ＣＱの二つめは「主体＋客体の目的」という型です。「客体」とは、主体が行為を働きかける対象です。例えば、医師が病気で苦しんでいる患者さんを救うという場合、その患者さんが客体という存在になります。ラブストーリーで言えば主体の相手役が客体です。

この型の場合は「果たして主体は客体の目的を達成できるだろうか？」がＣＱになります。つまり「客体の目的を達成する」というゴールに対して、見ている人が期待を持てるかがポイントになるのです。

先ほどの「主体＋目的」と同様に、この型でも切実さが重要になります。「主体＋目的」の場合は、主体にとっての目的が切実であればあるほど良いと言いました。「主体＋客体の目的」の場合は、その切実さはどちらかというと客体側に必要となります。**つまり、客体の目的が切実であればあるほど良いということなのです。**

客体をサポートできる実力でCQを選ぶ

少し古いですが、イメージしやすいのは『水戸黄門』でしょうか。主人公の黄門様は「何がなんでも日本を平和にする！」という強く切実な思いを抱いている様子ではありません。どちらかというと黄門様はフラットで、その代わりに毎回、切実な目的を持ったゲスト（客体）が登場します。客体として登場した町人の娘が、許嫁を悪代官に殺されたり、自らも命を狙われたりなどのピンチになった時に、黄門様一行が現れ、救ってくれるのです。あるいはテレビドラマの『相棒』シリーズなど、刑事ドラマで切実な被害者が登場する時なども同じ型と言えます。

この型の場合、主体は客体の目的を叶える実力を持っている必要があります。

CQが「果たして主体は客体の目的を達成できるだろうか？」となるため、主体は結果を出す必要があるのです。もちろん主体にも思いの強さはあったほうが良いのですが、客体の目的を叶えたいという思いに加えて、それを達成できるだけの能力がないと、期待に繋がりにくいのです。

その意味でこの「主体＋客体の目的」型は、映画やドラマなどでは、主体は特殊なスキルを持った場合が多いです。例えば、警察官や医師、弁護士や教師などが挙げられます。


「主体＋客体の目的」型のＣＱでは客体をサポートできるスキルが必要

長続きする「主体＋客体の目的」型ＣＱ

先ほど紹介した「主体＋目的」型の場合は、ほとんどの場合、目的が叶うまでの過程に成長があり、それが見どころになっています。しかしその分、一度目的が叶った後に、それより高い次の目的を設定しても、ＣＱに最初ほどの魅力が出せないことも多いです。長期連載の漫画が一つのクライマックスを迎え、新しい章になった時、前ほどの期待を感じにくくなる問題と同じと言えば分かりやすいでしょうか。

その点、主体の状態をそのままに作り続けられるのが「主体＋客体の目的」型の長所です。テレビドラマで言えば、こういったストーリーの多くは一話完結編が多く、主体が自らのスキルを活かして無事に目的を果たせた場合、次の週では心機一転、また新たな客体に向き合うことで、ストーリーを作り続けられるのです。シチュエーションを限定して撮影がしやすいのと、繰り返し続けられるというメリットからテレビドラマなどでは多く用いられている型と言えます。先ほどの『水戸黄門』『相棒』など、長寿ドラマにこの構造が多いのはそのためです。

「貢献したい人に向く「主体＋客体の目的」型CQ」

この「主体＋客体の目的」型に向いているかどうかは、他人や社会に貢献できるスキルを持っているかを基準にすると良いかもしれません。高度な専門スキルがあり、他人や社会のために貢献したいという気持ちが強い場合は向いていると言えるでしょう。

また、志のあるビジョンやミッションを掲げる経営者がいて、その人の会社で経営者をサポートするというCQも、この型に含まれます。

この型の場合、あなたの実力によって、見届けたいと思ってもらえるかが決まりやすいです。そしてもう一つ、この型の場合には、自分の思いはもちろん、行為の対象となる客体側に切実な思いがあるかどうかを見極めることが大事です。

しかし、「スキルや技術に圧倒的な自信がなければこの型は選べないのか」「現時点では資格、技術があるわけではないが、社会に貢献するような生き方をしたい」と思う人もいるでしょう。

その場合は、どんな客体に向き合うかを考えてみてください。自分より高いスキルや技術を持った人がいたとしても、向き合う客体が目的に対して大きな切実さを抱えていれば、そこに生まれる期待も大きくなります。「生活困窮者を救う」「シングルマザーを支援する」など、客体側に切実な思いがあると、あなたのスキルや技術を補填する形で、その目的を叶えてあげて欲しい、と見る側にも期待が高まるのです。

その時には「なぜあなたがやらなければいけないのか」という必然性がより必要になるでしょう。このように「主体＋客体の目的」型は、他者との関係性の中で、期待が浮かび上がることを意識するのが大切です。

ＣＱタイプＣ「主体＋障害」型

ＣＱの三つめは「主体＋障害」という型です。主体に障害が突然降りかかる形でスタートし、ＣＱは「果たして主体は、障害を乗り越えられるだろうか？」という形になります。

「主体＋目的」「主体＋客体の目的」の型でも、障害は必ず立ちはだかるのですが、**目的を達成する上での障害ではなく、先に障害が降ってくることで、それを乗り越えなければいけない状況に追い込まれるのがこの型の特徴です。**

例えば「隕石が降ってきて地球が滅亡しそう」とか「ある日、難病にかかって命が危うくなる」などの障害が挙げられます。

そして「主体＋目的」「主体＋客体の目的」と同じように、この「主体＋障害」でも切実さは重要です。つまり、障害が切実であればあるほど良いのです。障害の切実さは、多くの場合は障害の大きさに比例します。やはり命の危険ほど切実なことはありませんし、それを回避するのが最優先になるからです。

コラム

ヒット作は「主体＋障害」型が多い

ちなみに、最近の映画はほとんどがこの「主体＋障害」の型です。実際「御三家映画」も、この「主体＋障害」の型と言えます。

『鬼滅の刃～無限列車編』：突然、鬼が襲ってくる
『千と千尋の神隠し』：突然、異世界に飛ばされる
『タイタニック』：突然、豪華客船が沈没する

「主体＋障害」の型が映画などで好まれる理由はいくつかあります。

- **突然の障害によっていきなり話を展開でき、話のエンジンを早くかけられる**
- **主体だけでなく社会全体に降りかかるような障害で、スケールを大きく描ける**
- **障害を目に見える形で描きやすいので、映像的なインパクトを出しやすい**

観客の心を早く惹きつけるためにもＣＱはできるだけ早く、強く提示する必要があります。「主体＋障害」がその点で有利なのは事実です。

なぜなら「主体＋目的」の場合、その目的に共感できるかどうかは人それぞれの価値観によります。けれど「主体＋障害」型で、特に命の危険を伴う障害の場合、その危機から脱出したいと思う気持ちは誰にでも届きやすいからです。ハリウッド映画のように、人種や国を越えてグローバルに届けることが前提であれば、自然とこの型に集約されていくのは当然と言えるかもしれません。

また、別の背景として、経済的成長が鈍化している中で、夢を掲げにくい時代になったことが言えるでしょう。目的を持って努力したところで、そんなにうまくいくわけがない。そんな気持ちが充満し、幸せや憧れのロールモデルが見えにくい時代では、「主体＋障害」型のほうが見る人に共感されやすいのだと思います。

「立ち向かう人に向いている「主体＋障害」型ＣＱ」

この型は、何かの大きな障害（問題）に立ち向かっている人に向いていると言えるでしょう。その障害が、主体にとって避けようとも避けられない、それを乗り越えなければその先がないものであればあるほど、周りも応援してくれやすくなります。

「主体＋目的」「主体＋客体の目的」「主体＋障害」のどの型でも、目的と障害があるという点は同じで、違いは、目的と障害の順番や主体との関係性になります。

例えば「地球規模の環境問題に取り組む」をＣＱに掲げるとして「地球規模で何か成し遂げたい」という目的が先にあって環境問題の解決を手段として見つけて取り組む場合は「主体＋目的」です。

あるいは、自分の好きな動物が絶滅の危機にあるのを知り、海洋学を専門に習っていたから、それを活かしてコミットするなどの場合は「主体＋客体の目的」と言えるでしょう。

また、そういった環境問題を自分ごとに捉えて、どうしても取り組まないと自分（あるいは自分を含めた人類）の未来はないと思わずにはいられなかったら「主体＋障害」となるのです。

先ほど説明したように、映画など世の中のエンターテインメントの多くが「主体＋障害」型です。ハリウッド映画はほぼそうと言っても過言ではありません。

また、全体としては「主体＋目的」型や「主体＋客体の目的」型であっても、予告編はあえて「主体＋障害」型で表現して注目を集めるというのもよくある戦略です。それくらい「主体＋障害」はＣＱが強く作りやすく有効なのです。

スタートアップ企業が企業理念として「○○を支援する企業としてナンバーワンを目指す」という言い方ではなく、「○○が困っている世の中を変えなければいけない」という言い方をすることも多いと思います。このように、「主体＋目的」のＣＱを、あえて社会全体の課題（障害）としてアピールすることで応援してもらいやすくするという手法も同様の理屈です。

つまり、自分が持っている目的を、少し異なる目線で捉えて「（社会や人々のために）どうしてもそれをやらなければいけない」という形にすることで、CQの魅力がアップすることがあります。そこに必然性を見いだしたり、ピンチを利用したりすることによって、周りの人に「成し遂げて欲しい」と期待する気持ちが発生しやすくなるのです。

ただ、気をつけなければいけないのは、いかに自分が障害と捉えてそこに向き合っていても、必然性がないと意味がないということです。

被害者や偽善者を演じているように見えたりすると、期待や共感を得にくいのです。

「主体＋障害」型の場合は特に「TRUE」でなければいけないということを忘れないでください。「主体＋目的」型、「主体＋客体の目的」型以上に、なぜその障害を乗り越えなければいけないのか、その必然性を見極めることが重要なのです。

「主体＋障害」型のCQでは障害を乗り越える必然性が重要

ＣＱの型と人間の欲求の共通点

ここまでＣＱの三つの型について紹介し、中でも最近の作品では「主体＋障害」型が多いとお伝えしました。このように時代によって、ＣＱにも流行めいたものがあります。

なんとなく高度経済成長時代には「主体＋目的」型が、そこから成熟してきて利他的になり「主体＋客体の目的」型に、そして成長が終わって苦難の「主体＋障害」型になった、というような流れがあると言われています。

また、長いストーリーにおいて、途中でＣＱが変化することもあります。例えば「主体＋目的」型から「主体＋客体の目的」型になるケースなどです。

最初は利己的だったのが、利他的に成長を遂げて、自分以外の誰かのためにも頑張るというケースで、『ドラゴンボール』や『ＯＮＥ ＰＩＥＣＥ』などはそのようなタイプのストーリーと言えると思います。

皆さんの人生でも、歳を重ねる中で、それまでの経験を活かし、社会貢献や後進の育成に目的がシフトするような場合もあるでしょう。

またアニメやテレビドラマなどでは、「主体＋障害」→「主体＋客体の目的」→「主体＋目的」という変化は多く見られます。

例えば『新世紀エヴァンゲリオン』を例に挙げると、長いシリーズの中で、ＣＱには次のような変化が見られます。

①使徒が攻めてきて、無理矢理「エヴァ初号機」に乗らされる（主体＋障害）
②次第に慣れ、自分が誰かを救えるという手応えを感じる（主体＋客体の目的）
③最終的に自分が何をすべきかということに向き合う（主体＋目的）

他にも、実写の医療ドラマや刑事ドラマでこんな展開を見たことがないでしょうか。序盤では単純に患者を救ったり、降りかかる事件を解決したりする一話完結の話が続く。次第に、主体のキャラクターも描かれていく。終盤になって、主体にも大きなトラウマがあることが分かり、自分自身に降りかかる障害と向き合うことになる。そして最後、主体は自分のテーマに向き合い、そこから生まれた最後の試練を乗り越えるといった展開です。

こういうＣＱのスライドは、実は人間の本質にかなっています。「マズローの欲求五段階説」に照らし合わせると分かりやすいので、図を見ながら説明しましょう。

欲望の達成がＣＱの型を変化させる

マズローの欲求五段階説は、アメリカの心理学者アブラハム・マズローが「人間は自己実現に向かって絶えず成長する」と仮定し、人間の欲求を五段階の階層で理論化したものです。

ピラミッド型に、下から「生理的欲求」「安全欲求」「社会的欲求」「承認欲求」「自己実現欲求」といった五段階の欲求があるわけですが、これと三つのＣＱの型を重ねると次ページのような図になります。

欲求五段階説と三つのCQの型

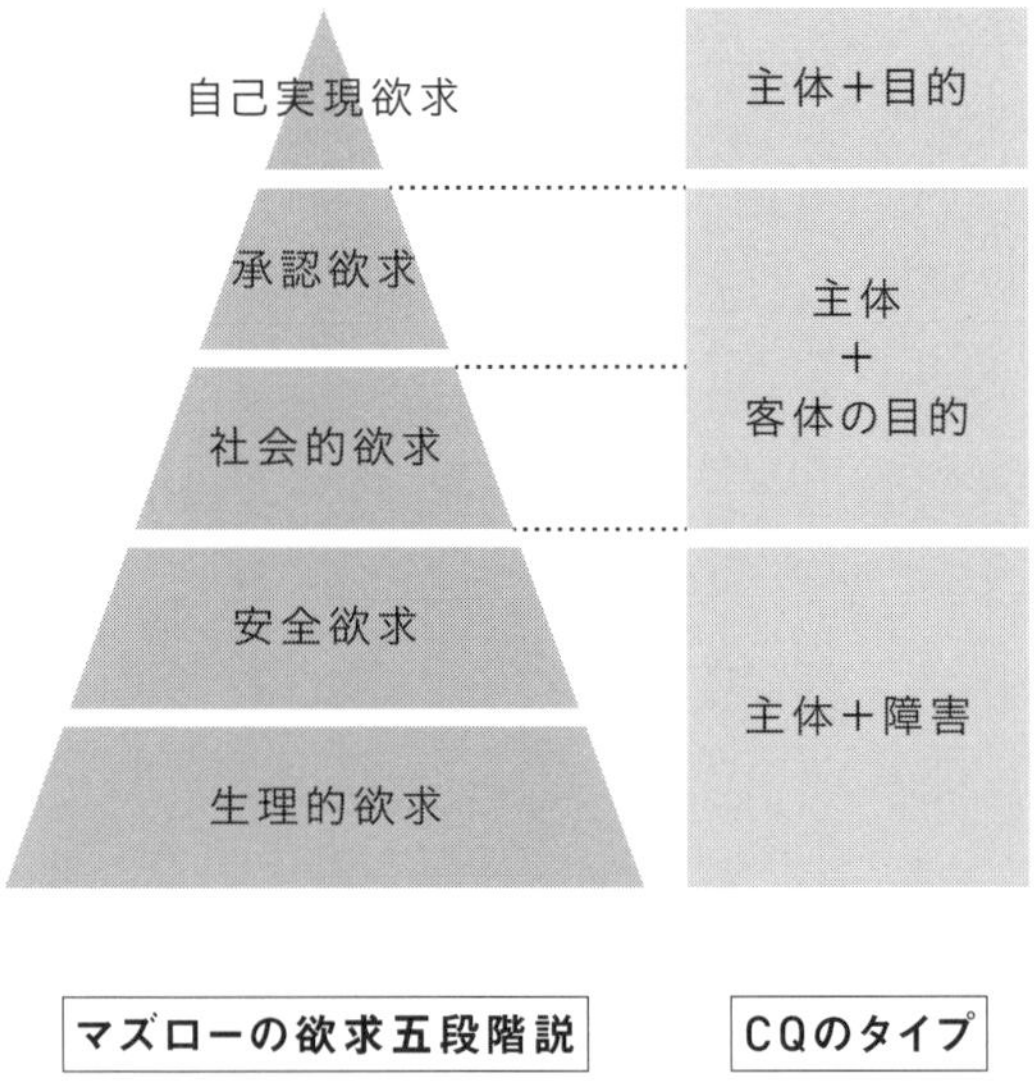

こうやって並べると、先ほどの「主体＋障害」型から「主体＋客体の目的」型を経て、「主体＋目的」型にスライドしていくのは、人間が根源的な欲求を解決し、より上位の欲求に向かっていく成長と一致しています。そのため、見る側にとって自然に感じられるのです。

逆もまたしかりで、下位の欲求の方が普遍的ということになります。ハリウッド映画などの多くが、生命の危機を脅かすような障害が降ってくる「主体＋障害」型をとるのは、全ての人間が本能的に持つ欲求を刺激するためで、理にかなっているのです。

CQは自身の変化や成長によっても変わっていくものです。自分の生き方と向き合って、自分らしさが最も発揮され、周りに期待を抱いてもらえるCQが理想と言えるでしょう。

CQの型について理解してきたところで、ここからは自分のCQを見つける方法について話していきたいと思います。

自分に合ったCQの作り方

おさらいしますと、CQは「その人の何に期待すればいいか」を表したものです。魅力的なCQを掲げることで、自分自身が生き方にワクワクでき、その人生に期待や共感が集まりやすいのは間違いありません。自分のやりたいことや成し遂げたいことを、コンパクトに表現するのは簡単ではありませんが、目指したい方向を言語化することで、期待や共感が生まれやすくなります。

そしてポイントは「目的」あるいは「障害」を明確にすることです。自分のやりたいことが明確に見えている人は「主体＋目的」の形で表現してみて、そのCQが果たして他人が見届けたいと思えるものであるかを、客観的に想像してみてください。

自分としては思いがこもっていても、他人から見届けたいと思われなければうまくいきません。そういう情熱的な目標が持てないという人は、誰かを応援したりサポートしたりすることを目的にして「主体＋客体の目的」型を模索するのも良いでしょう。

「目的」と「障害」は基本的にはセットですが、三つの型を紹介した時のように、自分の目的が切実なのか、誰かの切実な目的を叶えたいのか、あるいは目的と障害のどちらが先に来ているのか、その辺りを考えていくと良いと思います。

周りの期待から答えを導き出す

とはいえおそらく多くの人は、それほど明確に一つの目的に絞れないかもしれません。**そこで私がお薦めしたいのは、まずは自分が持ち得る目標をひたすら書き出していくことです。**

そうやって自分が取り得るＣＱ候補をたくさん作ったら、それを周りの人に見てもらい、良いと感じたものを選んでもらうのです。

これを10人くらいの人にやってもらうと、自然と投票結果みたいなものが出てきます。段々と、他人の客観的な目線では「自分はこういうふうに期待されているんだな」ということが分かってきます。また案外、他人に伝える時に自信を持って言えるかどうかで、自ずと答えが出てきたりするものです。

場合によっては自分の予想と違うこともあるでしょう。目的の大きいものが選ばれることもあれば、もしかしたら意外とスケールの小さいものに周りが反応してくれるかもしれません。

しかしどの型でも、重要なのは「目的」や「障害」が自分に合うかどうかです。気を落とすことなく、そこで得た気づきから再度自分のＣＱをブラッシュアップしたり、合う型を考えていきましょう。

いまいちしっくりくるＣＱが作れない人は、過去の自分を整理して「頑張ってきたこと」「評価されてきたこと」をヒントにするのも有効です。自分ではすごいと思っていないのに、苦にならず努力できることや評価されてきたことの中に、自分に向いていることが見つかるのはよくあることです。

何より、自分が夢中になれたものを意識して振り返ってください。そして自分にとって「ＴＲＵＥ」であること、加えて、客観的な目線を意識することが大切です。

他人のＣＱに学ぶ

あるいは他人のＣＱを参考にするのも有効です。勝手に他人のＣＱを作ってみるだけでもヒントになります。例えば、友人や上司、自分の尊敬するビジネスパーソンや有名人でもかまいません。その人のＣＱを勝手に想像して作ってみるのです。

面白いもので、他人のＣＱだと客観的に魅力あるものが作れるのに、自分のこととなると同じようには作れないものです。それだけ自分を理解することは簡単ではないということでしょう。しかし、あれこれＣＱを作っている中で、自分がどんなことをやりたいのかが見えてきます。それを何度も何度も言葉にしてみるのです。

また時には、仕事とプライベートで目的が異なる場合もあるでしょう。両立させるＣＱを作るのが難しい場合は、まずは仕事についてのＣＱと、プライベートについてのＣＱをそれぞれ一つずつ絞り込んでいきましょう。

例えば仕事のＣＱが「果たして月に一回クライアントの笑顔を作れるだろうか？」

で、プライベートのCQが「果たして月に一回、家族の笑顔を作れるだろうか？」などです。

仕事とプライベートで共通するCQが作れたら理想的ですが、まずはそれぞれでブラッシュアップしていくのが良いと思います。

CQを定めることは自分の物語を見つけるのに不可欠な作業ですので、ぜひ根気強くトライしてみてください。

自分探しに合うＣＱ

ＣＱの見つけ方について説明してきましたが、それでもまだ、自分の「目的」が見つからないという人もいると思います。

映画やドラマでは「自分探し」や「再生もの」と言われるようなタイプのストーリーもあります。「目的を探す」という意味で「主体＋目的」型、あるいは目的が持てないことを障害として捉え、「主体＋障害」型と言えるようなストーリーです。

つまり、この「自分探し」もＣＱの一つとして成り立つということなのですが、注意が必要なのは、他人からは共感を得にくい可能性があるということです。

内面的な苦悩が伝わりにくいのもそうですが、目的も障害も、基本的には小さいより大きいほうが他人は応援してくれます。

そのため叶っても叶わなくても大したことが起きない（命やその人の人生に大きな影響がない）ようなＣＱだと、期待も共感もされにくいのです。

とはいえ、無理に自分探しを卒業することもできないでしょう。一つのヒントとして、映画などではヒット作も少ない「自分探し」ですが、小説などでは描きやすく、むしろ主流とすら言えます。これは小説という形態がより内省的な描写に合っているからでしょう。それを考えると、Twitterやブログなどを通じてテキストで自分の生き様を発信していきたいという人には向いているかもしれません。

自分探しや再生といったストーリー性に自分を重ねていきたい場合は、まずは自分の本音と向き合い、その正体をできるだけはっきり認識しつつ、「主体＋障害」型として見定めることを意識してみてください。

結果を出せずとも感動するのはなぜか？

ここまで、ＣＱが大事だと繰り返し述べてきました。ＣＱは「主体＋目的（障害）」の形で表され、そこに期待させることが何より重要です。そしてＣＱが魅力的だと、人は共感して最後まで見届けてくれます。

ＣＱとは達成すべき目的を示したものなので、最後に目的を達成する瞬間がゴールになります。映画で言えばクライマックスと呼ばれるシーンです。そのゴールまでを見届け、応援してもらうために、ＣＱで相手の心を惹きつけることが重要なのです。

とはいえ、中には「目的を描いても達成できなければ意味がない」と思う人もいるのではないでしょうか。もちろん、思い描いた人生の目標を達成することは大事です。**しかし、時に私達は、結果を出せず敗れ去った人に感動することがあります。期待した結果を出せるほどの能力を持っていないキャラクターを応援したくなる時があります。**

こんなふうに、結果ではなく過程に共感したり、引き込まれたりした経験は誰もがあるでしょう。プロセスへの共感が重要な現代では、結果だけでなく、それまでの過程がどのように描かれたかも大事であり、むしろそこに価値があるのです。

では、なぜ私達は過程に心を奪われるのでしょうか？

次章では、いよいよストーリーの本丸である「構成」を学びます。ゴールまでの過程を「自分のストーリー」として価値あるものにするには、どのように展開していくのがいいのか？　なぜ構成という技術が必要で、その効果はどのように果たされるのか？　その辺りを意識しながら、進めていきたいと思います。

第3章

人生の展開をどのように描いていくべきか

――「構成」の話

ストーリーの満足度は構成が決める

面白そうだと思っていた映画が、実際に見てみたら期待外れで、時間を無駄にしたと思ったことはありませんか？ 映画に限らず様々なエンタメ作品で、出だしは面白そうだったのに途中から興味が薄れ、最後まで辿り着かなかったという経験は、多くの人にあると思います。

第1章と第2章では、人生を夢中に生きるために、まずは期待してもらうことの重要性と、そのために自分のCQを見つけようという話をしてきました。しかし、せっかくの期待が、期待外れになってしまってはいけません。つまり、期待を最後まで抱かせつつ、途中の過程にも心を惹きつけながら、目的の達成まで辿り着く必要があります。

そこで必要になるのが「構成」の技術です。

構成の本質は「期待値のコントロール」

構成の基本は、要素の順番を組み立てて、いかに効果的な流れを作るかを考えることです。その際に最も重要なのは、「期待を持続させる」ことです。

ＣＱによって抱かれた「期待」が、その目的が叶うクライマックスの瞬間まで途切れないように誘導していく。そうすることで、最後まで見届けてもらえて、クライマックスが最初の期待に応えるものであれば、満足してもらえるのです。

それは生き方においても同様でしょう。最初に、目的に向かっていく姿、もしくはある障害を乗り越えようとしている姿に自分や他人が期待できても、その期待が途中で途切れてしまっては意味がありません。

途中のピンチで応援したいと思わせたり、その過程で共感してもらい、それを乗り越えた瞬間を自分ごとのように喜んでもらったりするために、構成の技術が役に立ちます。

山あり谷ありな過程を描くことで、自分に注目してくれた人達の期待も持続するのです。

方向が異なる三つの矢印

では、人はどんな構成に惹きつけられるのでしょうか。それを考えていくために、いくつかの図を見ながら考えていきたいと思います。

上に並んだ三つの矢印は、ストーリーの展開を示した図です。左端がストーリーの始まり（始点）、右端がストーリーの終わり（終点）を意味しています。上がり下がりはストーリーの「盛り上がり」を示していると考えてください。

この中で、見ている人が一番好ましく思う展開を表している矢印は、どれだと思いますか？

おそらくほとんどの人が、右肩上がりの矢印を選択すると思います。株価のグラフをイメージすると分かりやすいですが、人は時間と共に上がっていくものを本能的に好みます。

角度が異なる三つの矢印

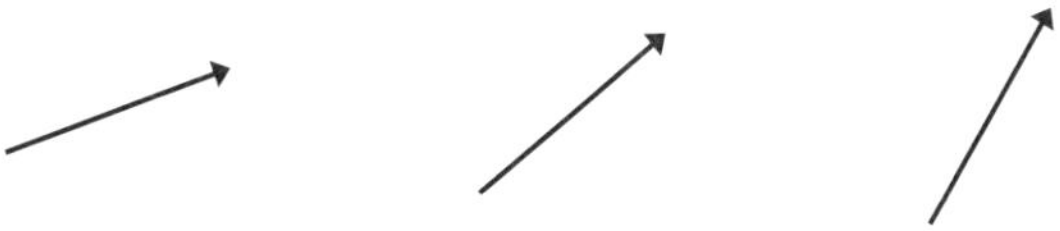

ではもう一問。上の図は、同じ右肩上がりでも、今度は角度が異なる三つの矢印です。この中で、最も好ましく感じるものはどれでしょうか？

これも、基本的には上がり幅が大きいほうが好まれるでしょう。

時間は有限だからこそ、人は同じ時間であれば、上がり幅が大きいほうを望みたくなるのです。

それでは最後の質問です。次のページにある二つの矢印だとどちらを選びたくなるでしょうか？

これは、好みが分かれるかもしれません。どちらも始点と終点の高さや、そして経過している時間も同じですが、右側の矢印は途中で落ち込んでいます。人によっては、少しでも落ちるのは嫌だという人もいるかもしれません。

右肩上がりの矢印とV字型の矢印

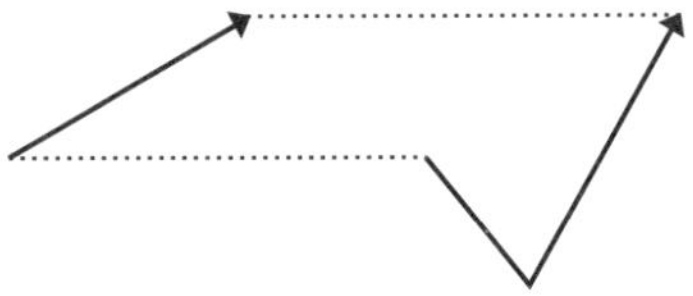

しかし、ストーリーをドラマチックに見せるという意味では、右側の矢印が描く展開のほうが効果的です。それは、下降から上昇に反転した時に、上昇感が高まるためです。人は慣れる生き物なので、ずっと同じような上がり幅だと、体感的に上昇感が薄れてしまいます。

長年、怪我も病気もしていない人が健康のありがたみを忘れてしまうのと似ているでしょう。一度マイナスになり、そこからプラスに反転することで、上昇がより鮮明に認識されるのです。

また「谷」を作ることで、見かけの上がり幅が大きくなっているのが分かるでしょうか？

どちらの矢印も始点と終点は同じですが、右側の矢印のほうが、一度下がることによって、後半の上がり幅が大きくなっています。

「谷」があって上がり幅が大きくなることで、見る人は体感として上昇感をより感じられるため、演出としては効果的です。

ちなみに、坂本龍一さんが、ある番組で「音楽とは緊張からの解決だ」と言っていたのを聞いたことがあります。松本人志さんも「笑いは緊張と緩和」と言っていました。**緊張からの解決、緊張からの緩和、これはどちらも一度落として復活する「V」と同じことと言えるでしょう。**

この「V」は人間の心の仕組みに根ざした「人の心を動かす原理」のようなものです。そして同時に、ストーリーの最小単位とも言えます。

実際、どんな複雑なストーリーも、細かく分けていくと「V」の組み合わせになっています。「構成」とは、この「V」をいかに組み合わせ、見る人の期待を持続させ、最後まで見届けたくさせるか、その過程を描いていくことなのです。

人生も無数の「V」で構成されている

作品の「構成」と同じように、人生というストーリーも、このような「V」の積み重ねと言えます。どんな成功者でも、一度も落ちずに上がりっぱなしという人はいないでしょう。程度の差はあれども、山と谷を繰り返しているはずです。つまり人生とは「山と谷を繰り返しながら、最終的に自分が目標とした高さまで到達するストーリー」と言っても過言ではありません。

そして、プロセスに共感してもらうのが大切な時代においては、いかに高く上がったかよりも、「V」の積み重ね方のほうが重要です。

考えてみたら、山や谷がなく最初からずっと成功している人がいても、共感はしにくいでしょう。それよりも、様々な浮き沈みやどん底を経験しながら、前に進む姿のほうが共感しやすく、応援したくなるはずです。

この視点を大事にして、構成の具体的な描き方について見ていきたいと思います。

コラム

「喜び」の感情は重力によって生まれた？

人が上向きの矢印を本能的に好むのは、地球に「重力」があるからだという話があります。「給料が上がった」とか「気分が落ちる」とか、私達の中に「上・下」について共通するイメージが定着しているのは、重力による体感的記憶が大きいのは間違いありません。

「太陽が昇って1日が始まり、沈んで1日が終わる」と言いますが「昇る」「沈む」というのも、私達が重力により地表に立っているからこその感覚です。

そう考えると、生まれてから無重力の環境で暮らした人間にはそういった刷り込みがなく、「上がる」と「下がる」は等価になり、上がると嬉しいという感情も持たないでしょう。**重力があることで、私たちの身体的感覚では「上がる」ことは無条件に嬉しいのです。**

無重力空間で育ったら、ドラマカーブのような概念もない……としたら面白いですね。

もしかしたらこの先、何十年後かに人類が宇宙で生活するようになったら、エンターテインメント作品の作り方も変わってくるかもしれません。

構成とは「V」を積み重ねていくこと

映画やドラマは、ストーリーの最小単位である「V」を組み合わせつつ、全体でも一つの大きな展開を描いています。その大きな展開として、私が多くのドラマや映画などで基準となる構成として考えているのが次ページの図です。

時間軸にそって、物語の展開の浮き沈みを曲線で描いたこの図を、私は「ドラマカーブ」と呼んでいます。同じような呼び方として「感情曲線」とか「モチベーション曲線」などと言われることもあります。

このドラマカーブは、主に1時間くらいのドラマや、2時間くらいの映画の構成に適しています。時間軸がもっと長い小説や、逆に短いマンガ連載の1話単位などではこの限りではないのですが、ほとんどのストーリーに通用します（ただし、どんなに短い、あるいは長いストーリーでも「V」の積み重ねであることは変わりません）。

多くのストーリーが描くドラマカーブ

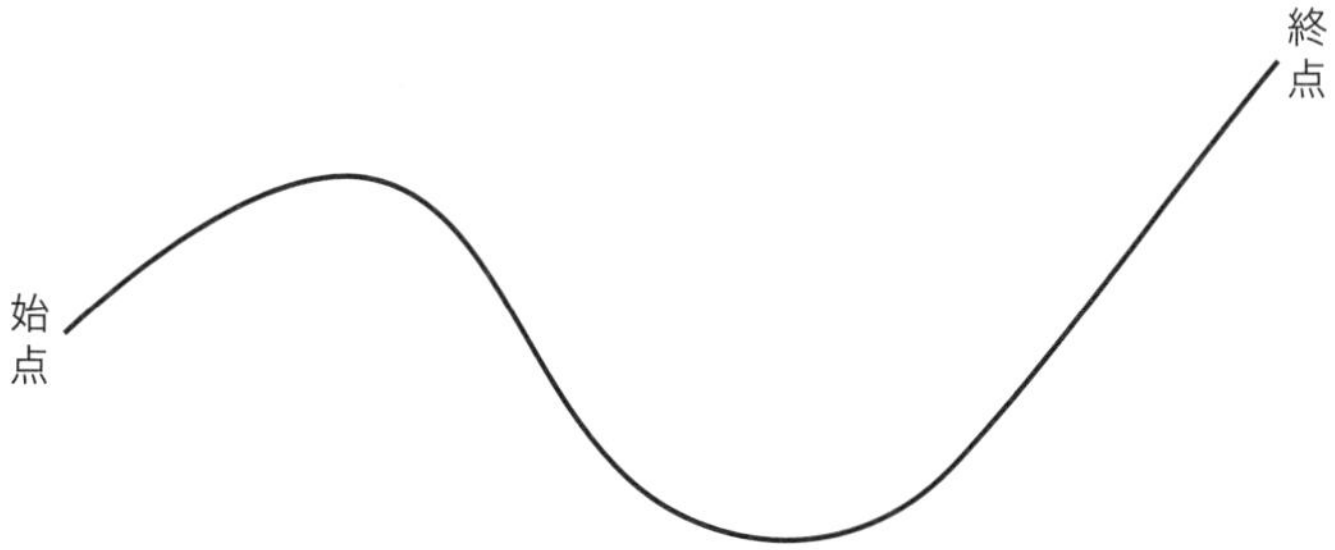

特にディズニーのアニメなど、王道と呼ばれるような物語は大体この構成に当てはまっています。それほどまでに、多くの人の心を捕まえて離さない「構成」と言えるのです。

人生における山と谷は意図的にコントロールできるものではないかもしれません。

しかし、この「ドラマカーブ」を意識することで「自分が今、長いロードマップのどこにいるのか」という客観的な視点や、「次に描くべき展開は何なのか」といった指針を持てるようになるでしょう。

ストーリーの黄金率とも言うべき秘密が、このドラマカーブには含まれています。それではこの「ドラマカーブ」について、詳しく見ていきましょう。

ストーリーは7つのポイントでできている

多くの作品に通用する「ドラマカーブ」ですが、その中には、大きく7つのポイントがあります。

その7つのポイントと、それぞれが持つ役割は次の通りです。

ドラマカーブにある「7つのポイント」

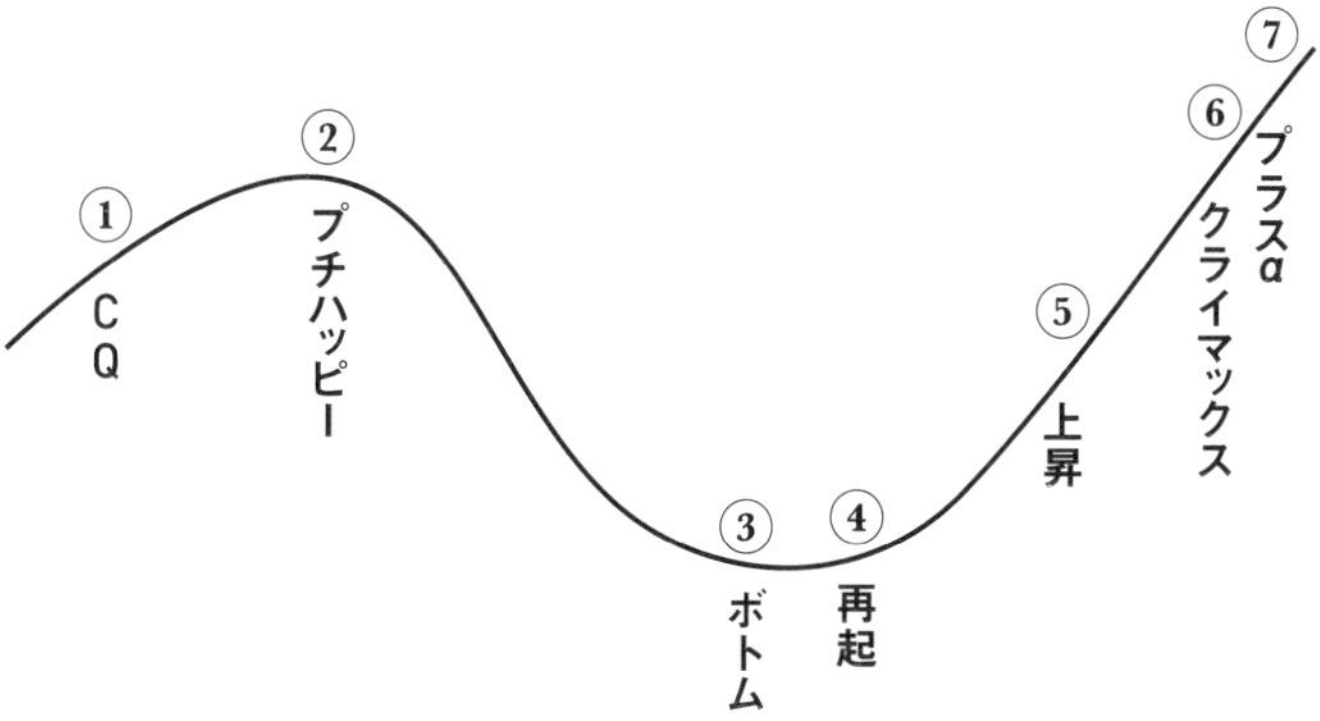

①「**CQ**」――CQを提示し、最後まで見届けたいと期待を高める
②「**プチハッピー**」――いい調子で上昇し、迎える序盤のピーク
③「**ボトム**」――目的達成がほぼ不可能なほど、どん底に落ちる
④「**再起**」――何かしらの転機を迎え復活する
⑤「**上昇**」――再起したあと、グングン上昇する
⑥「**クライマックス**」――CQの結果が出る（基本的には達成する）
⑦「**プラスα**」――伏線の回収、あるいは次へのひっぱり

以後、この図は何度も参照しますので、見やすいように
本書の表紙をめくったところにも載せています。
本文中で①～⑦の数字が出てきたら、そちらを見て確認してください。

ちなみに、ストーリーについてちょっと詳しい人ならば、ハリウッド映画の構成で使われている「三幕構成」と呼ばれる型を知っているかもしれません。

一幕「設定」……………主体と目的（つまりＣＱ）が示される
二幕「対立」……………主体が目的を達成するために、障害と対立する
三幕「解決」……………主体が障害を乗り越え、目的を達成する

私が提唱するドラマカーブも、基本的にはこの「三幕構成」をベースにしており、それを自分なりにアレンジした形です。

ちなみに、三幕構成における最適な時間配分は「１：２：１」と言われます。つまり2時間の映画であれば、一幕30分、二幕60分、三幕30分が基準です。ただし、これはややクラシックな配分だと私は考えています（次ページの図を参照）。

世界の設定や主人公の登場、そしてＣＱが明らかになるまでが一幕なのですが、現代においては一幕が短くなっています。それは第1章から述べているように、期待させることが重要で、できるだけ早く強いＣＱで心を掴むことが必要だからです。

ドラマカーブと三幕構成の関係

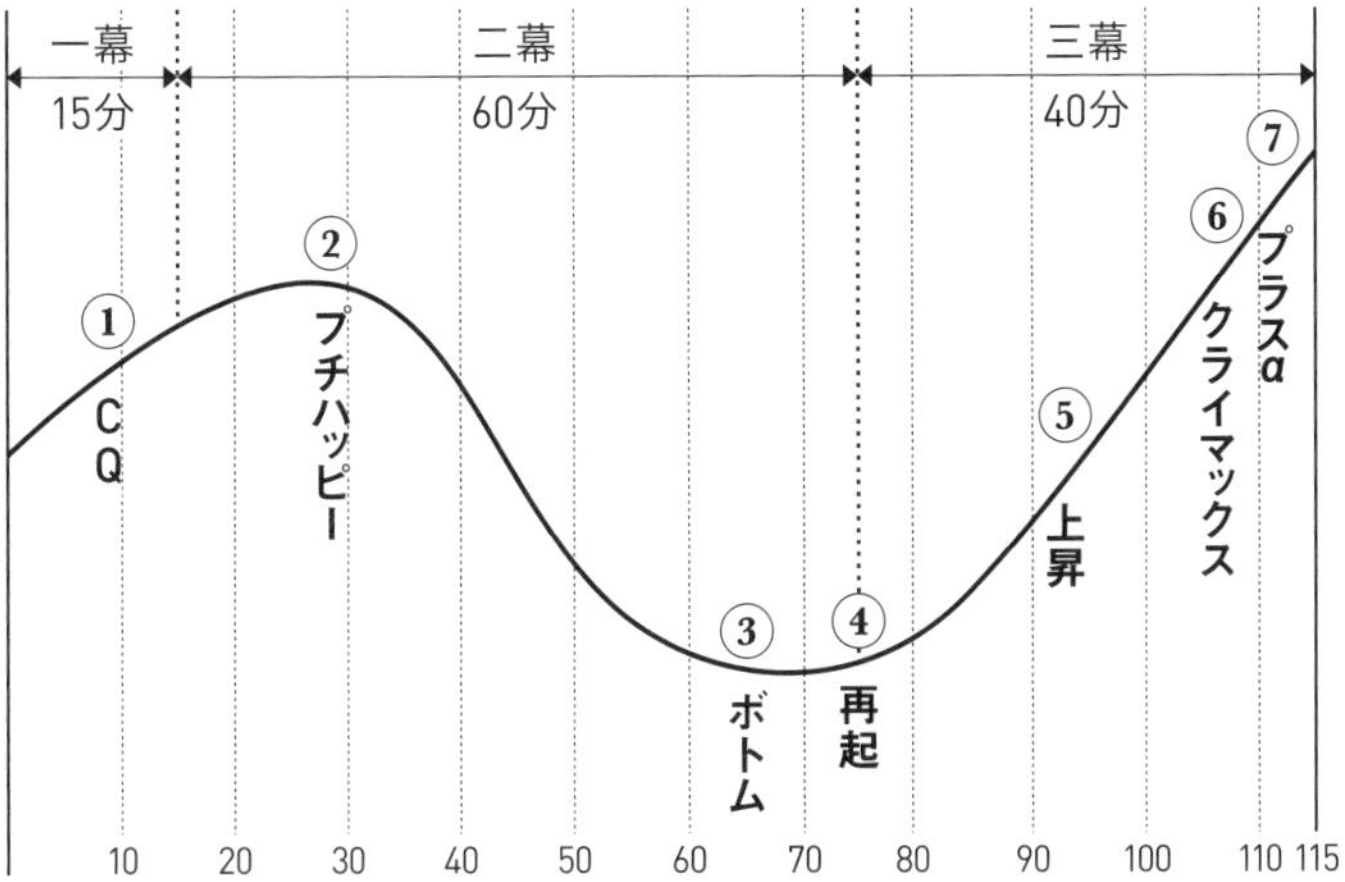

可処分時間の奪い合いが激化するのと呼応して、ＣＱが提示されるまでの時間は短くなってきています。今ではテレビドラマなど、開始3分でＣＱが提示されることも多いです。例えば、刑事ドラマだったら、開始早々に死体が発見された場所で実況見分が行われていて、そこに主人公の刑事が登場、「さあ、主人公は無事に犯人を捕まえられるだろうか？」というＣＱが提示されて、タイトルが入るような形です。

良くも悪くも悠長にセットアップしていられず、すぐに最後まで見届けたいと思わせるＣＱを提示しなければいけない時代なのです。

これは人生でも同じでしょう。自分に注目、期待してもらうのに、長く説明はしていられません。**ＳＮＳ上で注意を惹きつけるのはもちろん、リアルな場でも、相手に興味を持ってもらうのにかけられる時間は、一瞬しかないのです。**

『千と千尋の神隠し』のドラマカーブ

ドラマカーブの具体的な例として、御三家映画の『千と千尋の神隠し』で説明したいと思います。次ページの図は、私が『千と千尋の神隠し』を見て作ったドラマカーブです。

映画『千と千尋の神隠し』のドラマカーブ

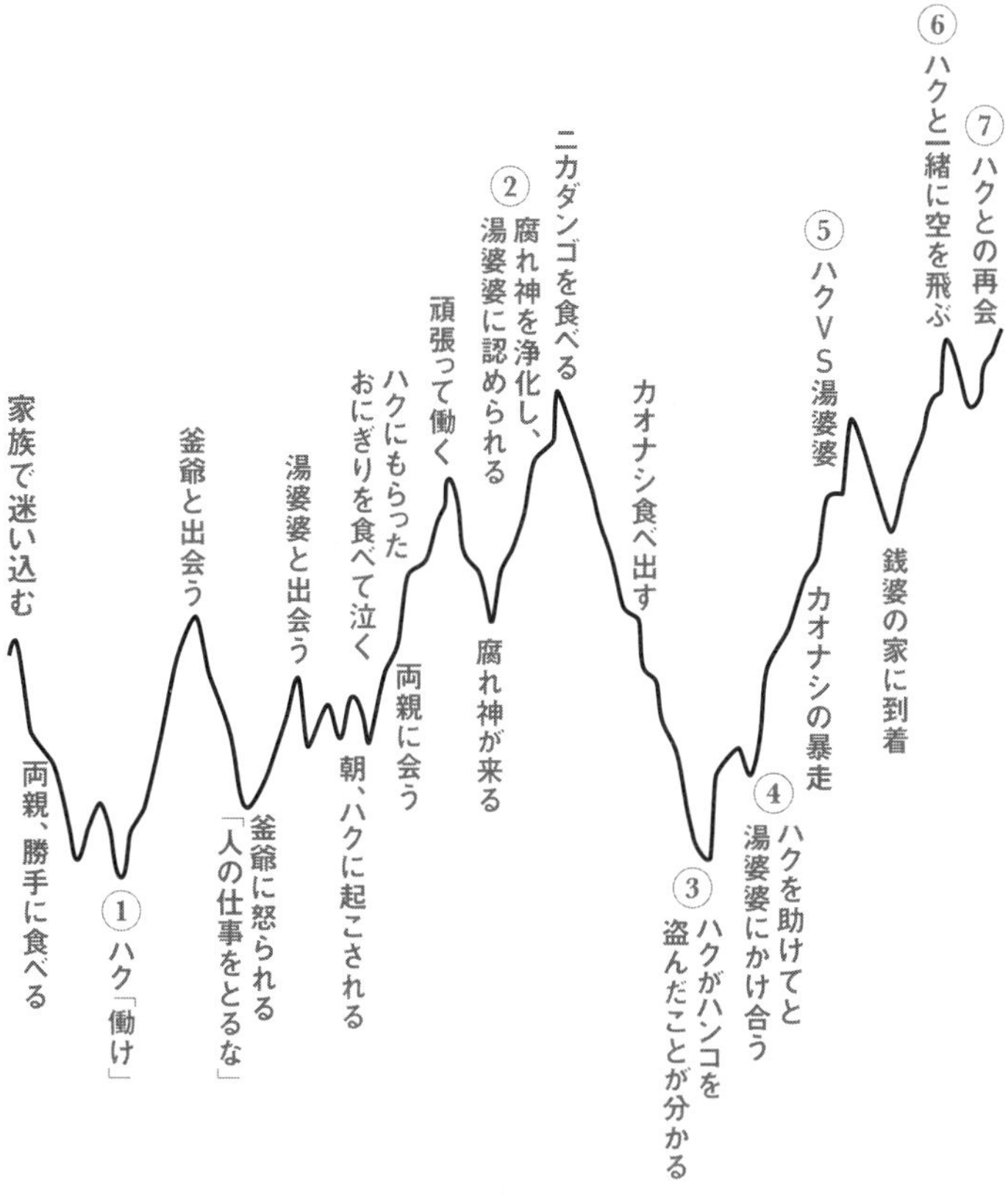

『千と千尋の神隠し』は「主体＋障害」型のストーリーなので、最初に下降が訪れますが、いくつもの山と谷が連なり、全体の展開は基本のドラマカーブと近いのが分かると思います。そして、7つのポイントをそれぞれ書き出すと次のようになります。

①「CQ」：主人公・千尋は別世界に迷い込み、両親が豚に変えられてしまう。「果たして両親を救い出し、無事に元の世界に戻れるだろうか？」というCQが提示される
②「プチハッピー」：ハクという少年に助けられ、湯屋で働く中で千尋は成長し、居場所を見つけていく
③「ボトム」：これまで千尋を支えてくれていたハクが、銭婆の契約印を盗んだがために重傷を負い、死にそうになる
④「再起」：ハクを助けたい一心で、千尋は危険を顧みず銭婆に会いにいく決心をする
⑤「上昇」：湯屋で暴れるカオナシを大人しくさせ、電車に乗って銭婆の家に向かう
⑥「クライマックス」：千尋とハクの過去が明らかになり、ハクは自分の名前を思い出す。千尋は湯婆婆の試験をクリアして自由の身となり、無事に元の世界へ戻る
⑦「プラスα」：ハクと再会する

もう少し理解を深めるために、このドラマカーブを人生に置き換えてみましょう。例えば、人生によくある流れとして、以下のような展開を挙げることができます。

①CQ：テーマを見つけ、その目的を叶えると決める
②プチハッピー：70点くらいまではとんとん拍子で進み、このままうまくいきそう
③ボトム：少し調子に乗ってしまったのか、うまくいかなくなる。気づけばどん底状態。もはや目的達成は不可能な状態に
④再起：なぜこんな状態になってしまったのだろうと反省。気づけば支えてくれる存在もあり、自分を見つめ直す中で何かの気づきを得る
⑤上昇：再度チャレンジ開始。前とは違う自分に、気づけば自然と環境も変化してきて、好循環がスタートする
⑥クライマックス：ついに当初の目的まで到達する瞬間。念願の目的を達成する
⑦プラスα：何か思わぬ人から祝福が届いたり、次の新たな目的が見つかったりする

人生をドラマカーブで描くと

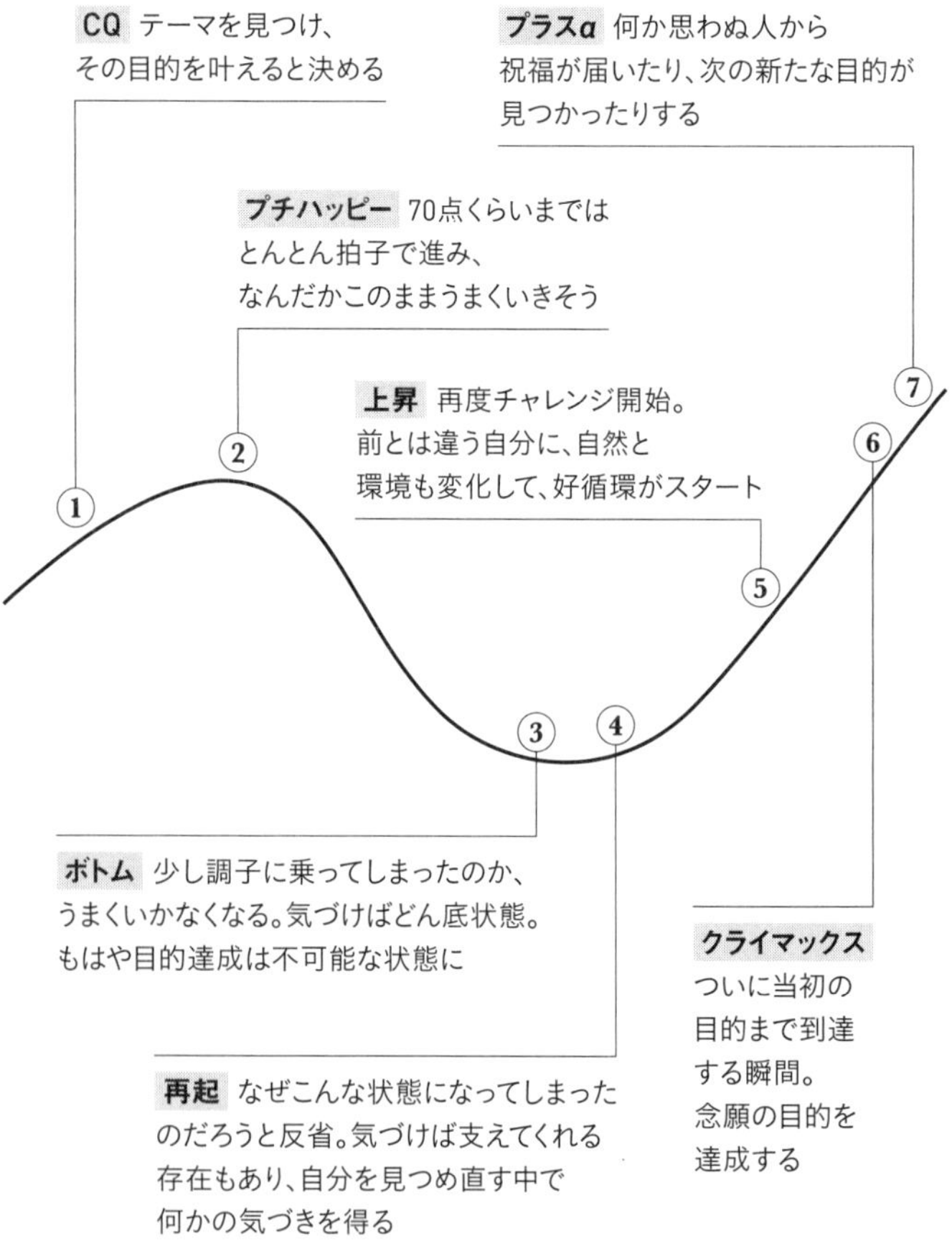
CQ テーマを見つけ、その目的を叶えると決める
プチハッピー 70点くらいまではとんとん拍子で進み、なんだかこのままうまくいきそう
ボトム 少し調子に乗ってしまったのか、うまくいかなくなる。気づけばどん底状態。もはや目的達成は不可能な状態に
再起 なぜこんな状態になってしまったのだろうと反省。気づけば支えてくれる存在もあり、自分を見つめ直す中で何かの気づきを得る
上昇 再度チャレンジ開始。前とは違う自分に、自然と環境も変化して、好循環がスタート
クライマックス ついに当初の目的まで到達する瞬間。念願の目的を達成する
プラスα 何か思わぬ人から祝福が届いたり、次の新たな目的が見つかったりする
1
2
3
4
5
6
7

また、45ページで紹介したストーリーも、あらためて読み返してみると、このドラマカーブになっていることが分かります。①〜⑦のポイントがちゃんと入っているのです。

さらに言えば、この７つのポイントさえ入っていれば、どんな短い文章でもストーリーらしくすることができます。極端に言うと、①〜⑦までの要素をそれぞれ一行ほどで書いても、他人が見たら映画一本分くらいのストーリーを想像することができます。

何気にこれはすごいことであり、その驚きが皆さんに伝われば嬉しいです。

構成に必要な要素のことがなんとなく掴めてきたでしょうか。それでは、これら７つのポイントを人生にどう応用していくかについて、考えていきたいと思います。

心を捕らえるのはストーリーの「高低差」

エンタメ作品において、より人を惹きつけるドラマカーブを描くために最も重要視されるのは、「③ボトム」と「⑥クライマックス」の高低差です。

なぜなら、観客がクライマックスで得られる達成感は、ボトムとの高低差に比例するからです。これは、少し前に「V」における高低差の体感度で話したことと同じです。クライマックスでの達成感は、本来はスタート地点との高低差です。しかし次ページを見てもらうと分かるように、一度落ちることによって、不思議なことにボトムからの高低差が体感的な達成感になるのです。

そのためドラマや映画では、できるだけボトムを落とした上で、できるだけクライマックスを上げて高低差を作ろうとします。

ボトムを下げるには、強い敵など障害を降り掛からせ、主体をピンチにします。目的達

ストーリーの満足度は
ボトムとクライマックスの高低差で決まる

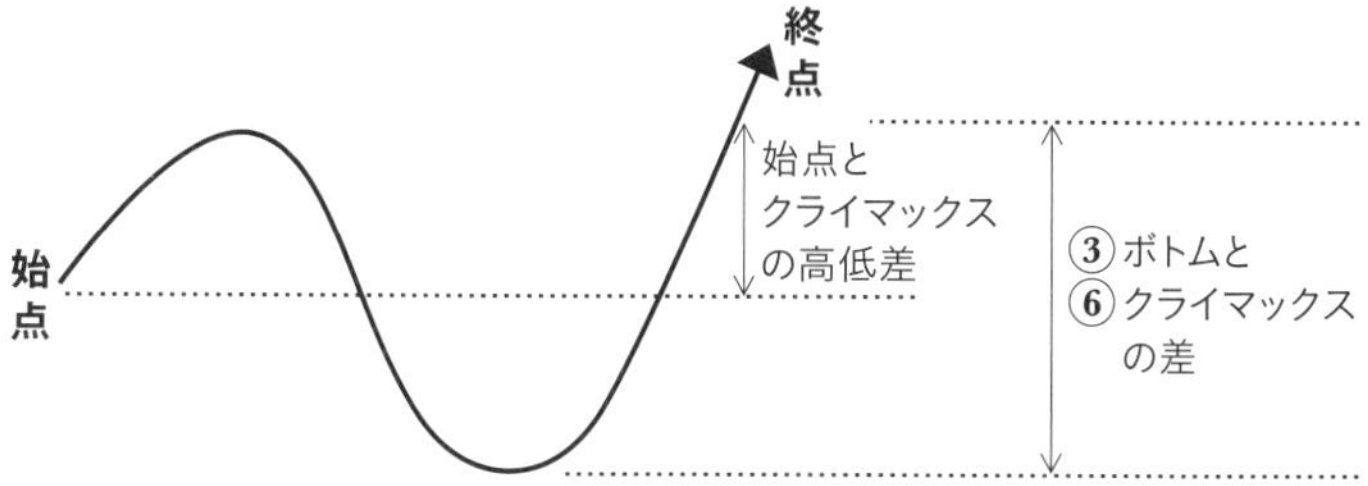

成を困難にしつつ、達成不可能と思うギリギリまで追い込むのです。どん底の状態まで行ったら、今度は逆に、なんらかの克服や気づきを経て再起し、クライマックスでは無事に目的を達成します。この高低差が大きければ大きいほど、達成感が高まるのです。

もう一つ、クライマックスで重要なのは、観客に抱かせていた期待にきちんと応えることです。どんなに劇的なクライマックスでも、期待していたものでないと達成感は感じられません。人は期待していないものには反応できないからです。

それでは、ここまで説明してきたドラマカーブや高低差の話は、人生にどう応用できるでしょうか？　できれば失敗することなく目的を達成したいと思うのが人間というものです。苦労は少ないほうが良いに決まっています。「山と谷があるほどストーリーは面白くなる」と言われても困ってしまうかもしれません。

ただ、あなたの尊敬する人に、右肩上がりで成功し続けている人はいるでしょうか？感動した映画の主人公は、浮き沈みのない人生を送っているでしょうか？

おそらく、そうではないと思います。成功には失敗がつきものです。失敗の中で学んだことが糧となり、後の成功に結びつくことのほうが多いでしょう。

「失敗という事実があるから、成功と捉えることができる」とさえ言えるかもしれません。

そして何より、山あり谷ありのストーリーのほうが、私たちは見ていてハラハラします。結果、そのほうが心を奪われます。それはCQによって抱いた期待が、山あり谷ありの中で一層深く引き込まれていくからです。

つまりドラマカーブにおけるボトムの重要性から学べることは、失敗を恐れるなということです。失敗が怖くなくなり、むしろメリットしかないと捉えられたらチャンスです。もしボトムに落ちても、周りに共感してもらう絶好の機会であり、それによって背中を押され、さらに人生に夢中になっていけるのです。

ストーリーの区切りにはそれぞれ役割がある

ここまで「①CQ」「③ボトム」「⑥クライマックス」については、詳しく説明してきました。「④再起」は後で詳しく説明しますので、残りのポイントを少しだけ補足しておきたいと思います。

「②プチハッピー」は、何かが足りなくて、その後ボトムに行ってしまう中途半端な成功の瞬間です。ただ、ここで成し遂げられなかったことが、実はクライマックスの予告になっているという点が重要です。例えば、ここで一度負けた相手にもう一度勝負を挑んで、クライマックスで勝つなどの場合です。**ここであと一歩だったのにと思ってもらえることで、クライマックスがどこかということが明確になり、達成感が大きくなるのです。**

「⑤上昇」はクライマックスの前に気持ち良く上昇していくゾーンです。映画などでは、クライマックスでのラスボスとの対決の前など、快進撃が続くようなシーンがあります。

テンポの良いBGMがかかって、見ていて気持ち良いシーンです。あるいは、ボトムから復活した主体が初心を取り戻して特訓しているようなシーンや、一度離れていった仲間が再び集結するシーンなどが挙げられます。

「⑦プラスα」は、連続ドラマで最後に衝撃的なことが起こったりするシーンが分かりやすいです。あるいは、それまでに張られていた伏線が最後に回収されるようなシーンなどです。『タイタニック』で言えば、年老いたローズが実はダイヤモンドを隠し持っていて、ジャックの眠る深海に投げ落とすラストシーンがそれにあたります。

ラストにプラスαのハッピーがあると、全体の印象が良くなり、名作には欠かせないものと言えるかもしれません。

以上になりますが、ぜひ自分の好きなストーリーが、どのようなドラマカーブを描いているか、①~⑦がどんなシーンなのかを考えてみると、良い訓練になると思います。

慣れてくると、普通に映画を見ている時に、今がどのポイントなのかもリアルタイムに分かるようになります。

この訓練を続けると、自分の日常を客観的に見る力が格段にアップしますので、ぜひ意識してみてください。

悲劇が教えてくれるプロセスの重要性

ここまで、ストーリーの黄金率とも言えるドラマカーブについて説明してきました。

これらのポイントを意識して、ぜひ皆さんにも、自分の人生をより人を惹きつけるものにして欲しいと思うのですが、こんなふうに思う人もいるかもしれません。

「結局のところ、ボトムとクライマックスの高低差が重要なのだったら、成功しないと意味がないのか」と。確かに、期待に応えることで満足が生まれるというのは変わらないです。結果を出すことはやはり重要です。

ただし、結果が全てではありません。

時には別の方法で、人の心を惹きつけることも可能です。その手がかりは「悲劇」というストーリーの型にあります。

悲劇のドラマカーブ

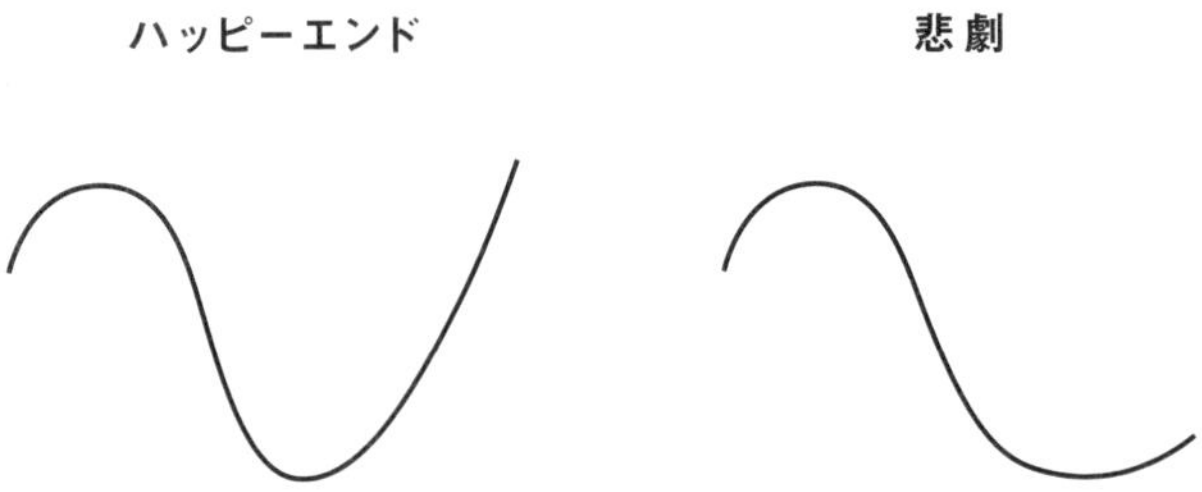

悲劇の定義は「ハッピーエンドで終わらない」ということですが、ドラマカーブで言えば上の図のように、①で提示されたCQが非達成で終わること、あるいは始点より終点が低く終わるということになります。

幸せになりたいとみんなが願っている中、なぜ悲劇と言われるジャンルが存在するのでしょうか。**これについては、古くはギリシャ悲劇まで遡りますが、私の考えでは「理不尽な死」というものを克服するため、他者の不幸を客観的に受け取って悲しみを癒す役割が大きかったのだと思います。**これは宗教をはじめ、ストーリーのルーツの一つだと言えるでしょう。

しかし現代では、アンハッピーで終わるストーリーをわざわざ見届けたいと思う人は少ないはずです。序盤に抱かせた期待が叶わないというのは、がっかりさせてしまう可能性も高いです。

それでも、みなさんの好きな映画の中に、悲劇的なラストだったけれども心を捉えて離さなかった作品というのは必ずあると思います。実際、「御三家映画」の1位『鬼滅の刃～無限列車編』と3位の『タイタニック』は、悲劇という構造を持った作品です。

『鬼滅の刃～無限列車編』では無念にも煉獄杏寿郎《れんごくきょうじゅろう》は敵の前に倒れますし、『タイタニック』ではジャックとローズは死別してしまいます。どちらも悲しい結末です。それにもかかわらず私達は大きく心を打たれました。

『鬼滅の刃～無限列車編』では、終盤、太陽が昇るからと逃げる敵・猗窩座《あかざ》を竈門炭治郎《かまどたんじろう》が追いかけて叫ぶシーンがあります。ストーリーのクライマックスと呼べるシーンです。「逃げるな」「煉獄さんは負けてない」と必死に叫ぶ炭治郎の姿は、見方によっては「負け惜しみ」を敵にぶつけているシーンと言われてもおかしくありません。

しかし煉獄さんをはじめとする仲間たちがどんな思いで必死に戦っているかを叫ぶ主人公の姿に、私たちは感動しました。例えハッピーエンドではなくても期待外れだと思わない、むしろ、だからこそ感動できたと思える例です。

ボトムこそが「共感」の引き金になる

もう一つ、『タイタニック』の例も考えてみましょう。『タイタニック』の見所と言えば、まもなく沈没するという状況でも貫かれた愛や、そこにいた人々の生き様ではないでしょうか。最後まで演奏をやめなかった楽団、潔く死を受け入れ身を寄せ合った老夫婦などの描写に感動した人は多いでしょう。

戦争ものなど歴史的な事実を扱った作品には悲劇型が多くあります。それは、歴史的事実であり、最後がアンハッピーで終わることが知られているため、悲劇で終わっても期待を裏切られた感が少なく済むためでしょう。また、結末は決まっているので、その過程に集中できるという側面もあります。

史実として多くの人が亡くなったことを知っているからこそ、結末よりもその過程（プロセス）に心を動かされやすいのです。悲劇は、つらい状況にいる人間の生き様に共感するための物語と言っても過言ではありません。

このように、人は期待に応えたクライマックスだけではなく、その過程においても大切な何かに気づくことができます。そこで描かれている内容次第では、クライマックスやボトムとの高低差に関係なく、人を惹きつけるのです（この話は第４章で詳しく話します）。

失敗や難局における努力や諦めない姿勢、人間らしさこそが、人の心を動かします。そしてその瞬間の多くは、ボトムと呼ばれる時に起こるのです。

自分と向き合いボトムから再起する

悲劇という物語構造は、試練や不幸といった「ボトムから何を学ぶかが重要」ということを教えてくれました。成功することよりも大事なことがあるという気づきは、それ自体が人生を前向きに捉えさせてくれるでしょう。あえてボトムに落ちる必要はないのですが、この考え方を知っていれば、失敗しても成長して再起するチャンスに変えていけます。

加えて、そこに自分なりの再起の瞬間が作れると、そこから共感や応援が生まれ、その後押しによってさらに人生に夢中になっていけるでしょう。結果に期待してもらいつつ、その過程で惹きつけ、いつしか「もはや結果はどちらでもいいから、その過程を見届けたい」と思ってもらえたらこの上ないと言えます。

ボトムから再起して、何かに夢中になって取り組む姿のほうが、クライマックスで成し遂げた姿より共感や感動を生むとすら私は考えています。

それは、プロセスに共感してもらうことが重要な現代においては特にです。

棚からぼた餅の再起には誰も共感しない

ボトムや再起する瞬間で、見る人の心を掴めさえすれば、クライマックスまでが遠くとも、そしてたとえクライマックスで目的を達成できずとも、人生は「心を動かすストーリー」になります。

ですが実は、再起にも、共感を生む「良い再起」とそうでないものがあります。

ボトムを深くすることに注意を取られすぎて、再起する瞬間がおざなりになってはいけないのです。

私が映画を見ていて、最も興醒めするのは、それまでに乗り越えられなかった障害(壁や敵対者)を、誰かの手助けであっさり越えられてしまった時や、ボトムから立ち上がれた理由が安易だったりする時です。皆さんもそんな経験がないでしょうか?

これはドラマや映画を作る時にも失敗しがちなことです。クライマックスとの高低差をつけようとするあまり、障害を大きくしすぎてしまい、再起のハードルが高くなり、それを乗り越えるきっかけや理由がいわゆる「ご都合主義」になってしまうのです。主人公がいきなり強くなるとか、自分にとって大切なものを簡単に悟ってしまうとか、再起の瞬間がおざなりに描かれると、観客は白けてしまうのです。

実際の人生でも、棚からぼた餅的な出来事で再起したり、たまたまうまくいったりでは、そこに共感や感動は生まれないでしょう。何かの気づきや変化があって、地に足のついた再起だからこそ、周りにも共感されるのです。

外的CQの奥にある真のCQ

では、大切なことの気づき、周囲の共感や感動を誘う「良い再起」を描くには、どうすればいいのでしょうか。

映画などでは多くの場合、主体はボトムに落ちている時に自分と向き合い、過去のトラウマを克服したり、自分では気づいていなかった本当に大切なものを見つけたりします。このボトムで自分自身と向き合う時に、それまで目的と思っていた外的CQが変化したり、新たな目的に気づいたりするのです。

その時に起こっていることを理解するために、ここでCQの解像度を1段階上げて、次のステップに進みたいと思います。それは「外的なCQ」の奥にある「内的なCQ」についての話です。

今までCQと言ってきたのは、基本的には外的CQのことでした。つまりそれは、自分の外側にある具体的な目標に対して、成し遂げられるかどうかという話でした。

一方で内的CQとは、心の奥底で思っている目的や課題を達成できるかどうかを表しています。あるいはその目的や課題など「向き合うもの」そのものを指します。内的CQは、外的CQの奥にある自分の心のありようを示すのです。

例えば、外的CQが「大会で優勝する」だとして、同じCQを掲げている人がいても、その動機や成し遂げたい理由は人それぞれで違うでしょう。人によっては「父親に認められたい」であったり、別の人は「自分に自信を持ちたい」など違うものだったりします。このような、人それぞれが心の中で持つ本心が、内的CQです。

内的CQは顕在化して外的CQになるのです。

切実さの根源は内的ＣＱにある

外的ＣＱが大きく分けると「主体＋（客体の）目的」と「主体＋障害」で示されるように、内的ＣＱも目的か障害のどちらかで表現できます。

内的ＣＱの二タイプ
Ａ　内的な目的：その人が心の底で本当に望んでいるものを叶えられるかどうか
Ｂ　内的な障害：その人が心の底で本当に恐れているものを克服できるかどうか

御三家映画を例にとると、次のようになります。例えば『タイタニック』のローズには、「自分らしく自由に生きたい」という切実な内的ＣＱが見て取れます。

『鬼滅の刃～無限列車編』の竈門炭治郎で言えば、「妹を救いたい」は外的ＣＱで、その奥にあるものが何かということになります。鬼に対しても「鬼は虚しい生き物だ、悲しい生き物だ」と、憎しみではなく情けのような感情を込めた言葉を放つため、「誰も憎みたくない」「誰とも争いたくない」という内的CQがあると言えるかもしれません。

外的CQの説明で、相手に期待されたり応援されたりするためには「切実さ」が重要だと繰り返し書きました。それは、どこかで自分の心の奥底から生み出されたような魂の叫びが必要ということですが、これこそまさに内的CQです。

つまり内的CQに切実さがあることで、外的CQが強くなるのです。

内的CQは「存在意義」に行きあたる

内的CQを見つける作業は簡単ではありません。場合によっては自分のトラウマなどと向き合う必要もあるでしょう。必ずしも自分の心の傷をほじくり回す必要はありませんが、人は挫折することで自分の本当の思いに気づくものです。そんな経験を思い出して自分の内面を探り、本当に望んでいることや、乗り越えるべきことなどを探してみると、他人も共感してくれる切実な内的CQが見つかるかもしれません(次ページに外的CQと内的CQの関係性をまとめた図を載せています)。

内的CQと外的CQの関係性

外的CQ

「果たして主体は目的を達成できるだろうか？」

・主体＋目的
・主体＋客体の目的
・主体＋障害

↑

**内的CQが
具体的行動に
置き換わる**

内的CQ

「果たして主体は内的な目的を達成できるだろうか？」

内的な目的：心の底で本当に望んでいるもの
内的な障害：心の底で本当に恐れているもの

ちなみに内的ＣＱは分類すると大体「存在意義」の話になるというのが私の持論です。

以前、内的ＣＱをテーマにしたワークショップを開いた時も「自分の存在意義を強く持ちたい」「自分が本当にやるべきことに取り組みたい」といった内的ＣＱを挙げる人が多くいました。

80ページで挙げた「マズローの欲求五段階説」をもう一度引き合いに出すと、「生理的欲求」「安全欲求」など下のほうの欲求が満たされていない場合は、当然そちらが優先されます。しかし多くの人が切実に願う内的ＣＱは、おそらく「社会的欲求」「承認欲求」「自己実現欲求」と上位に上がっていったどこかに関係することが多いと思います。

またそのワークショップでは、内的ＣＱとして「トラウマの克服」を挙げる人もいました。トラウマが「自分に自信を持てない」「失敗するのを恐れすぎる」など、前に進むことを阻害しているのを克服したいという内的ＣＱです。それも多くの場合「存在意義」の獲得に繋がっています。

試しに皆さんの好きな映画の主体（主人公）が抱えている悩みや葛藤の本質を考察してみてください。おそらくは、細かい設定や表現は違えど、主人公の「存在意義」が中心にきている作品が多いはずです。

例えば『タイタニック』の主体であるローズは、ストーリーの冒頭から親に決められた結婚に反抗的です。ローズには「自分らしく自由に生きたい」という切実な内的CQがありましたが、凋落していく家のためにはそれしかないのかと葛藤しています。

自殺まで考えたローズですが、そんな時にジャックと出会います。ジャックの奔放な人柄に惹かれ行動を共にするうちに、自分の内的CQに向き合い、自分らしく自由に生きると決意して行動し始めるのです。

内的CQの発見が「自分の物語」を見つける出発点

苦しい状況の中では、これまでの生き方と向き合い、自分にとって大切なものや自分が克服しなければいけないものが見えてきます。そこで何かしらの気づきを経て前に進み出た瞬間は多くの人を勇気づけます。

それは映画だけでなくスポーツなど含めたドキュメンタリー、あるいは身近な人の生き様などから、皆さんも感じた経験があると思います。

一筋縄ではいかない壁にぶち当たった時、その問題だけと対峙していては打開策は見つからないこともあります。

そんな時は自らの心や過去と向き合い、無意識のうちに恐れていたハードルや思考のフィルターを探してみましょう。

心の底で本当に求めているもの、あるいは心の底で本当に恐れているもの。これら内的ＣＱと向き合うことは不安もあると思いますが、「自分の物語」を見つけるには必要不可欠なプロセスです。

「自分の物語」を見つけることの出発点は、この内的ＣＱを見つけることにあります。まずは自分と向き合うことで、自分が本当に望んでいることを知ること。それを一つのストーリーとして過去から現在、未来へと繋がる形でイメージして作り上げていくこと。そうすることで、迷いなく一心不乱に取り組むことができ、夢中に生きられます。それくらい内的ＣＱは大切で、この本の中で最も重要な学びであって欲しいと願っています。

自分の人生をデザインする

人生に夢中になるための内的CQの重要性と、共感や感動を呼ぶポイントが分かったところで、ここで自分の「ドラマカーブ（人生曲線）」を形にしてみましょう。ノートやコピー用紙など何でもかまいません。自分の人生を振り返ってドラマカーブを描いてみましょう。最初は直感で、小さい頃から現在までのドラマカーブを描いてみるのでかまいません。いきなり自分の人生を綺麗に曲線で表現するのは難しいと思います。まずは自分の人生を箇条書きにして書き出してみましょう。例えば私の人生で言えば次のようになります。

・小学校時代は勉強ができて学年で一番の成績だった
・その学校では珍しく中学受験をして、そこそこの私立中学へ
・しかし、各小学校のトップが集まるような学校で、すぐに落ちこぼれる
・エスカレートで高校進学。相変わらず勉強もできない

・小学校からずっと続けていたのに、サッカー部を高2で辞める
・大学受験に失敗し浪人する
・浪人時代の初めはバイトなどをして大学を諦めようかとも思う
・しかし母親が大病を患い一念発起。夏くらいから親が止めるほど必死に勉強する
・結果、ほぼ記念受験のつもりだった東京大学理科二類に合格する
・大学ではダンスサークルに入り、それが青春の1ページになる
・人の多様性や旅行が好きという理由から、理系の中で最も文系に近い「地理」を選ぶ
・当時サークルの先輩や後輩とダンスの舞台パフォーマンスで食べていけないかと、休学までしてトライする。しかし結果は出ず、大学には6年いくことになる
・就職活動をしていた2000年、インターネットの時代だと騒がれ、なんとなく「これだ！」とワクワクする
・結果、コンテンツを作りたいという気持ちもあり、「USEN」という会社に進む
・3年働いて「ドリマックス・テレビジョン（現TBSスパークル）」という制作会社に転職。28歳で一番下のADからスタート。体力にも自信がないなりに必死に頑張る
・転職して5年くらいで、初めて自分の企画でドラマを作る。NHKで2009年に放

送された『ふたつのスピカ』という宇宙飛行士を目指す青春群像劇

・自分で企画したり、会社から任された仕事だったりでプロデューサーを続ける

・これ以上なく居心地の良い会社ではあったが、自分はこの会社で、この仕事を一生続けていくのだろうかという思いが離れない

・そんな時に『全裸監督』の原作に出会う。なぜか、とんとん拍子に企画が進む

・『全裸監督』の制作が進む中で、会社を辞めてフリーのプロデューサーになる

・『全裸監督』がヒット作となる

このように書き出したら、次はこれを自分なりにドラマカーブのような形で波形にしてみましょう。全て書き込む必要はなく、山と谷を描いていくのがコツです。例えば、私であれば次ページのような図になります。

こんな感じで、大まかでも、どんな目的や悩みを持っていたかなどを書き込んでみてください。**これまでの人生で最もつらいと感じたボトムから、自分が何を考え、どのように立ち直ったかを思い出すことは、これから先の人生にも必ず役に立ちます。**

著者のドラマカーブ

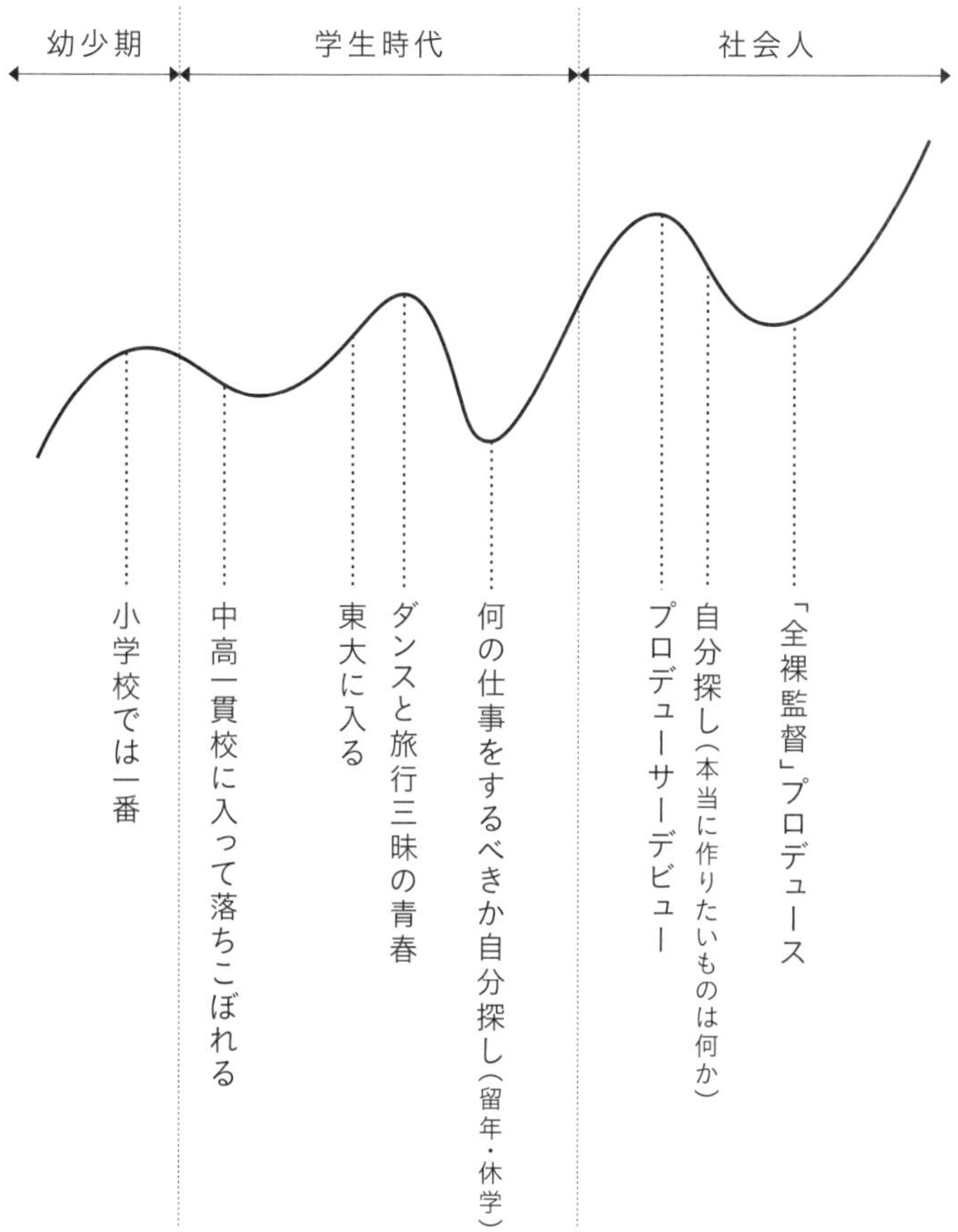
幼少期
学生時代
社会人
小学校では一番
中高一貫校に入って落ちこぼれる
東大に入る
ダンスと旅行三昧の青春
何の仕事をするべきか自分探し（留年・休学）
プロデューサーデビュー
自分探し（本当に作りたいものは何か）
「全裸監督」プロデュース

内的ＣＱと向き合うことで谷を乗り越える

自分のドラマカーブについて振り返ると、人生で落ち込んだ記憶が強いのは「私立中学に入って落ちこぼれる」「大学時代に将来の夢が見つからない」「社会人になって、何をやるべきか模索する」という三つの時期です。

どの時期も、「それなりにやれている」と思われた時期の後に、ボトムが来ていたことが思い出されます。まさにプチハッピーのあとにボトムが来ているわけです。

小学校の時は学年で一番　↓中高一貫校に入って落ちこぼれる
東京大学に入れた　↓将来の目標が見つからず、留年と休学
ドラマのプロデューサーになる　↓本当に作りたいものが分からない

そして、そのボトムから再起した時のきっかけは、次のようになります。

中高一貫校に入って落ちこぼれる　↓負け犬になりたくないと大学受験を頑張る
何を仕事にするべきか分からない　↓やりたいことが見つかり強みも重なった
本当に作りたいものが分からない　↓『全裸監督』と出会う

ここで、私がボトムの中でどのように内的ＣＱと向き合ったかを、それぞれ説明していきたいと思います。

もう逃げないと決意した18歳

大学受験に失敗した時、それまでの気苦労がたたったのか、母親が大病を患い入院しました。この時の私には学歴に対するコンプレックスが強く、中途半端な学歴で判断されるくらいなら大学など行かず、自分の人生を歩みたいと思う気持ちがありました。浪人当初は図書館に行くと言って、親に内緒で引っ越し屋のバイトをする日々でした。

でも母親の病気で私は気づきます。自分は何もかも中途半端だと。心配をかけた親に恩返しするためにも、そして自分のためにも、この一年だけは後悔しないように頑張ろうと決め、勉強に立ち向いました。

そして気づいたのです。自分の心の中にあった一番のモヤモヤは、実は高校2年の時にサッカー部をやめた後悔からきているということを。あの時、私は「このままではどうせレギュラーになれないから」と途中で投げ出したのです。今回も同じように、大学に行かないという選択で中途半端に逃げ出そうとしていました。

親孝行すら中途半端だということが、ついに自分と向き合う機会をくれたのです。母親の病気が転機となり、私はあの時の後悔と向き合い「このままでは私は負け犬のままだ」と自らを奮い立たせ、机に向かいました。中途半端な負け犬で終わりたくないという気持ちで闘ったのです(母親は手術して無事に病気は治りました)。

「自分の強みを思い出して仕事と向き合えた」

しかし、その後大学に入ると、再びモラトリアムな時期を過ごします。東大に入れたことで、自分の人生はなんとかなると思ってしまっていたのです。

しかしそれは大きな間違いでした。ダンスサークルと旅行三昧だった大学生時代は、留年も休学もしてフラフラしてばかりでした。気づけば、人より三年遅れでの就職活動。やりたいことも定まっていない。とはいえ手当たり次第に受けるというガッツもない。

そのくせ、当時の私は「何か世にないことをやりたい」という気持ちだけはありました。「ヒップホップダンスでストーリー性やアート要素のある舞台公演をやりたい」という学生時代のトライも、そういう新しい挑戦のつもりでした。

しかし、自分の実力不足や認識の甘さもあってうまくいかず、結局就職しなければと切り替えます。この頃の私は承認欲求も強い上に、みんなと同じは嫌だという気持ちがありました。自分が活かされ輝ける場所があるはずだとさまよっていたのです。

その時に、ちょうどインターネットの時代が到来し、時代の変化みたいなものに「ここなら、自分の可能性が試せるような気がする」と、前向きになれたのです

その後、インターネット会社で3年働いた私は、テレビドラマの制作会社に転職します。正直、昔からドラマ制作の仕事をしたいと思っていたわけではありませんでした。

ただ世の中に足りないのは、情報やツールではなくストーリーだという思いはありました。そこに縁が重なっての転職でした。当時はインターネット業界がどんどん伸びていましたが、私はあえてそれに逆らうかのように、放送業界への転職を選んだのです。

当時、放送業界から通信業界という転職の道はありましたが、逆は珍しかったです。なぜあえて古い業界に行くのかと心配もされました。しかし、私はインターネットの可能性を否定したわけではなく、そこに流れるストーリーこそが必要だという確信がありました。そうして、ドラマ制作の仕事に飛び込んだのです。

私は、ドラマ制作に携わる中で、シナリオを作る仕事にとてつもなく興味を持ちました。思い返せば、理系だった私は作文も下手くそでしたが、文系に対する憧れをずっと持ち続けていました。脚本家と打ち合わせを重ねてシナリオを作る作業に参加して感じたのは、シナリオ（ストーリー）を作る作業は、「国語」だけではなく「算数」の要素もあるという実感でした。

ストーリーを作る作業は、論理的ではありながらパズルを構築するようでもあり、計算のように作る部分を自分で見いだすことができたのです。

それは私にとって、仕事の面白みが飛躍的に増す気づきでした。理系ならではのアプローチがあるのではないかと、独学でシナリオを学び、それを自分の強みにしたいと思ったのです。

つまり職探しにおいて「みんなと同じことはしたくない」と他者視点だった私が、ようやく自分が進むべきと思う道、あるいは自分の強みに気づき、主体的にストーリーを進めていくようになったのです。

時間はかかりましたが、「他者の評価を気にする」という内的な障害を乗り越えたことで、自分がやるべきことに向き合えたのです。

不良への憧れに気づいて開き直れた

その後、ＡＤ（アシスタント・ディレクター）、ＡＰ（アシスタント・プロデューサー）を経てプロデューサーとして経験を積みながら、満足のいく日々が続きます。

正直、人生における「モテ期」のような時期もありました。それに単純に浮かれていた自分もいました。しかしながら、そうやって調子が良い時期があるというのは、ボトムがくる前触れのようなものです。

プロデューサーとして仕事をすること自体に新鮮さがなくなってきた頃、また悩み、葛藤し、自分との向き合いが始まります。

「私が本当に作りたいストーリーは何だろうか?」

全くもって仕事の内容や待遇に不満はありませんでした。しかし、何か自分の中で完全燃焼できていない思いが強くなっていきました。そんな時に、出会ったのが『全裸監督』という原作でした。

以前にも書きましたが、村西とおるという男の人生を自分の手でドラマにしてみたいという気持ちの奥にあったのは「既成概念や閉塞感を打ち破るドラマを作りたい」という思いです。それは「自分の殻を破りたい」という自分の内的CQにも繋がっているものでした。

さらに遡れば、ずっと自分が持ち続けていた「不良への憧れ」みたいなものに繋がります。愛知県の片田舎で育ち、殻を破れない自分への不満、ハメを外してみたい本当の自分、そんな内的ＣＱと向き合ったことで、一歩踏み出す勇気を得られたのです。

こうやって振り返ってみると、度々訪れたボトムは、自分にとって宝もの以外の何ものでもありません。きっとこれからもまた何か行き詰まり、立ち止まることはあるでしょう。しかし、これまでの経験とそこから培ったストーリー思考があることで、今後も、ボトムが来る度に自分は成長して、その先へ進めるだろうと思えています。

こんなふうに、自分のドラマカーブを描いてみることで、自分と向き合うことができます。特に、過去に自分がボトムをどう乗り越えてきたかを見つめることは有意義です。

どんな成功者にも成功の手前には苦悩と再起があるものです。自分のドラマカーブを描いてみて、なかなか矢印が上向きにならないなと感じた人も、どうか落ち込まないでください。

自分の内的ＣＱと向き合うことで、気持ち新たに頑張ろうと思えたり、着実に目的達成へのプロセスが見えてくるはずです。そしてその過程こそが、周囲の共感や応援を生み、夢中に生きられることに繋がるのです。

感動や夢中は自分の強みになる

人の生き方は様々ですから、過去を振り返った結果、自分の生き方はお手本のようなドラマカーブではないこともあるでしょう。思うようなカーブを描けていないことに焦る人もいるかもしれません。

しかし、それはそれと受け止め、過度に気にしないでください。過去は過去でしかありません。それをどう捉えるか次第です。これまでを整理することは、単に料理の素材が目の前に提示されているくらいに考えましょう。ドラマカーブも上手く利用して、これからの未来を描いていけばいいのです。

また、今回私が説明したドラマカーブはあくまで標準的なものです。それが唯一の正解ではありません。型を学ぶことは必要ですが、その先には無限のバリエーションが存在します。

もし、それでもなかなか自分のドラマカーブが見えてこない人は、自分が感動した映画や、あるいは人生の中で出会った人々のストーリーを「器（うつわ）」として、そこに自分の生き方を乗せていくような考え方も試してみてください。

具体的には、例えば自分の好きな映画がどんな構造になっていたかなどを、自分なりに分析してみましょう。

感動した映画のストーリーを自分なりに研究してみると、「自分はどんなところに共感や感動をしたのか」「ボトムに落ちた主人公を見てどんな気づきを得ていたか」などが客観的に分かるはずです。それが分かれば、理想の生き方がイメージしやすくなり、前向きになれるに違いありません。

感動体験は完全に「ＴＲＵＥ」なもので嘘がありません。心からの純粋な体験です。**感動体験や夢中体験を反芻することは、単純に気持ち良くポジティブなので、足がかりにするのはとてもお薦めです。**

主体的に生きながら他者との相互影響を考える

理想のドラマカーブが見つかったところで、それを思いどおりに実現していくのは簡単なことではありません。なぜなら、人生には「他者」の存在があるからです。

誰しも一人では生きていません。何かを成し遂げる時に自分一人では達成できないことも多いです。あるいは互いの存在が邪魔になる場合もあります。**皆それぞれの人生を生き、個別のドラマカーブを描いてはいても、どこかで必ずお互いに作用し合っているのです。**

つまり、この世はたくさんのドラマカーブが常に交錯し、お互いの人生に影響を与えています。自分の人生は自己完結しているわけではなく、他人からの影響を大いに受けた結果として成り立っているのです。

自分が主体として人生を生きながら、他者との相互影響をいかに良い方向に持っていくか。これはとても重要ですが簡単ではありません。

そのために必要になること。それが「キャラクター」への理解です。

これまでに話したCQや構成に加えて、「キャラクター」はもう一つの重要要素です。映画などの物語には様々なタイプのキャラクターが出てきます。それぞれが異なる目的を持ちつつも、全体として調和を生み、一つの物語を描いています。

今まで「主体（主人公）」と呼んでいたのは、キャラクタータイプの一つに過ぎません。それ以外にも様々なキャラクターの種類があり、各々の役割を学ぶことで、より安心して夢中になれる環境を作り出すことに繋がります。

次章では、この「キャラクター」について学んでいきましょう。

第4章

人生の登場人物達と、どう向き合っていくか

——「キャラクター」の話

魅力的なキャラクターの条件とは

映画やマンガ、小説といったストーリーには、様々なキャラクターが登場します。皆さんには好きなキャラクターはいますか？

私の好きなキャラクターを挙げると、『インサイダー』という映画でアル・パチーノが演じた主人公ローウェル・バーグマン、『女神の見えざる手』でジェシカ・チャステインが演じた主人公エリザベス・スローンです。

この二人に共通するのは「有言実行」です。この二つの映画はドラマカーブも似ています。強大な敵に立ち向かい、大きなピンチを迎えるけれど、それを不屈の精神で乗り越えるというストーリーです。どちらの主人公も「逆境の中で諦めずに立ち向かう姿」が凛としていて憧れます。私はつらい時に歯を食いしばって〝ふんばる〟姿に共感を持つのです。

その他で言えば、完璧ではないけど真っ直ぐな主人公も好きです。映画で言えば、『スワロウテイル』で三上博史さんが演じたヒオ・フェイホン、『バックドラフト』でカート・

ラッセルが演じたスティーブン・マカフレイなど。『全裸監督』の村西とおるも、その部類に入ります。

ここに挙げたキャラクター達は皆、自分のやるべきことに「夢中に取り組んでいる人達」でもあります。「夢中」というと少し楽観的に聞こえるかもしれませんが、全身全霊で自分の目的に取り組んでいる姿は、私が常に目標としているものです。

皆さんにも同じように、憧れのヒーローやこんなふうに生きてみたいと思う理想のキャラクター像があるはずです。そして好きになるのは主人公（主体）とは限らないでしょう。

実際、よくマンガ雑誌でキャラクターの人気投票が行われていますが、主人公以外のキャラクターも上位に来るのが人気作品の特徴でもあります。時に悪役のキャラクターも含めて、魅力的なキャラクターが多ければ多いほど、ストーリー全体の魅力に繋がっていくと言えます。

様々なキャラクターが存在するのは人生も同じです。「夢中になれる人生」には、周りとの人間関係は重要です。**周りとの人間関係が適切に意識できているほど、安心して自分の人生に夢中になれるのは間違いありません。**

人間関係を適切に意識するためには、まず相手を知る必要があります。そのためには「キャラクター」というものに対する理解が必要です。

ただ、そもそも「キャラクター」とは何を指す言葉なのでしょうか。よく「あの人はキャラがある」とか「キャラが立っている」とか言われますが、キャラクターという言葉は日常で使われながらも、その意味するところは曖昧です。

明るいキャラとか、天然なキャラとか、性格的な特徴のことを指して使うことが多いのだと思いますが、キャラクターを決める要素は何か、どういう時にキャラクターに魅力を感じるのか、といった問いに答えられる人は少ないでしょう。

キャラクターについて理解することで、周りとの人間関係を適切に意識できるばかりか、自分を客観的に捉えて自らの魅力をブラッシュアップしていく方法も見えてきます。

周りの感じる魅力がアップすることで、人間関係が円滑になり、あなた自身が夢中になりやすくもなります。キャラクターとしてのあなた自身の魅力、周りのキャラクターへの理解、適切な関係性などをテーマに、この第4章は進めていきたいと思います。

キャラクターには外的要素と内的要素がある

まずはキャラクターの「魅力」について考えてみましょう。

少し大袈裟かもしれませんが、『鬼滅の刃～無限列車編』が日本映画のナンバーワンとなったことで、その象徴とも言える煉獄杏寿郎というキャラクターは、映画の歴史の中で最も多くの日本人が魅了されたキャラクターと言えるでしょう。彼は、なぜそこまで多くの人に愛されたのでしょうか？

この章を通して、その秘密を紐解いていくのですが、その糸口はやはり「期待」にあります。第1章から繰り返し述べてきた期待が大切だというのは、第2章のＣＱや第3章の構成と同じように、キャラクターに対しても同様です。

つまり「期待させる」、そして「その期待に応える」ことで、キャラクターの魅力は増すのです。ではキャラクターのどんなところに期待が生まれるのか。まずはそこを見ていきましょう。

キャラクターには、そのキャラクターを構成する要素があります。主に「外的要素」と「内的要素」から成り立ち、具体的には次のようなものになります。

キャラクターの構成要素
外的要素：ルックス、体格、所有物、家族構成、職業、周りからの評価 など
内的要素：知性の偏り、強いこだわり、価値観、トラウマ など

外的要素は比較的分かりやすいでしょう。外見や所有物など、外から見て分かる性質です。周りからの評価もここに含まれます。一方で内的要素は目に見えない特徴です。「頭の回転が早い」といった能力や、「短気」といった気質、あるいは「理系」や「文系」などの知性の特徴や、「曲がったことが嫌い」「量より質重視」といった価値観もここに含まれます。

こういった要素がキャラクターを特徴づけています。要素に対する期待が、最初の期待と言えます。それではこの視点をもとに、煉獄さんというキャラクターを見ていきましょう。煉獄さんの外的要素、内的要素は次のようにまとめられると考えられます。

〈外的要素〉

・黄色と赤の特徴的な髪の色
・ギラギラとして大きい目
・高身長でいかにも強そうな体格
・風格を感じるマント
・炎柱として隊を率いる
・父も炎柱だった
・その正義感と責任感は周りからの信頼も熱い

〈内的要素〉

・明瞭快活で時にマイペース
・父親に認めてもらえていないことを残念に思っている
・弟思い、家族思い
・「弱き人を助けることは強く生まれた者の責務です」という母親の言葉を信念とし、それを全うしたいと思っている煉獄さんの魅力と言えば、やはりなんといってもその「強さ」でしょう。髪型や力強い眼差しまで含めて、これでもかと言うくらい「頼もしさ」を感じさせられます。

キャラクターの魅力は、外的か内的かに限らず、まずは長所に対する期待から生まれるものです。煉獄さんの頼もしい見た目や、その強さが炸裂する瞬間に期待が集まります。外的要素も魅力たっぷりな煉獄さんですが、内的要素の魅力もそれに劣りません。おおらかでマイペースな性格も素敵ですが、一番の魅力は、家族や仲間に対する思い、そして志が高く責任感が強いところでしょう。

内的要素に対しても期待や共感が生まれることで、キャラクターの魅力が増します。

煉獄さんの場合であれば、強そう、頼もしそうと感じさせる長所に対して「みんなを守ってくれる」という期待が高まり、その上で、内面的な魅力がそれを支えているのです。

「短所からでも「期待」は生まれる」

煉獄さんはひたすらに長所に優れた例と言えます。しかし誰もが煉獄さんのような長所があるわけではありません。現実世界では、期待を感じさせるような才能やスキルを持っている人のほうが少ないでしょう。

そこで、長所の見つけ方や伸ばし方ではなく、短所から期待が生まれる方法について考えていきたいと思います。

まず一つめは、短所が克服されるのを期待してもらう方法です。

『千と千尋の神隠し』の主体である千尋は決して長所に秀でているキャラクターではありません。むしろ、最初は親に甘えるごく普通の少女です。そんな千尋が特殊な環境に追い込まれる中で、次第に成長していきます。観客は、内向的でまともに働けそうもない千尋に対して、成長して障害を乗り越えて欲しいと願いながら見守るわけです。

短所を「成長の伸びしろ」と捉えてもらい、見守ってもらうのが一つめの方法です。

なんの取り柄もない主体だからこそ、見守りたくなるストーリーはたくさんあります。『ドラえもん』の「のび太」はその典型です。

もちろん「嫉妬深い」とか「長続きしない」といったネガティブな短所が、そのますぐに期待に繋がるとは限りません。しかし「短所」を認め、目的達成のために克服しようとしている姿には成長が期待できます。

短所を期待に繋げるもう一つの方法は、短所自体を長所に変えることです。

周りを見渡して、「短所」があるが故に愛されている人もいるのではないでしょうか。

例えば、『007』ジェームズ・ボンドの「女好き」、『スター・ウォーズ』ハン・ソロの「いい加減」、『SLAM DUNK』桜木花道の「単純」などが挙げられます。短所をさらけ出すのは勇気がいるものですが、短所をチャーミングにさらけ出せる人は、愛されるものです。

目的達成に繋がらない長所は意味がない

長所と短所に期待を抱いてもらう際、気をつけるべきなのは、それが自分のCQ達成に対しての「強み」になっていないと意味がないということです。

『007』のジェームズ・ボンドがかっこよくて女好きなのは、潜入して敵を攻略する際、鍵を握るのが女性だからです（実際には、キャラクターに合わせてそういうストーリーが作られているとも言えます）。

「だらしない」「いい加減」「単純」といったキャラクター要素は「やる時はやる」「本当に大切なものには命をかける」「こうと決めたらブレない」など、そのキャラクターが成し遂げなければいけないことと関連しているから活きてくるのです。その要素から良い変化が生み出されることが大切です。

皆さんも、自分が武器にしたいと思っている長所や短所があったら、それがCQ達成にどう活かせるかを考えてみてください。

まずは自分の長所と短所を書き出して、客観的に把握する。

そして自分の夢や目標が長所を活かしたものであるかをチェックし、その上で自分の短所の克服や活かし方を考えてみるのが良いと思います。


ここまでの話をまとめると、夢中になって生きるのに、あるいは共感される人生を送るために、まずは自分の長所や強みを活かして、目的の達成に期待を抱いてもらおう。ただし、その長所はＣＱ達成に繋がるものが望ましい、ということになります。


けれど、そんな長所が見当たらない場合は、どうすればいいのでしょうか？

その場合は、自分の短所と向き合ってみましょう。短所に気を取られすぎるのは良くないという指摘や、短所を克服するくらいなら長所を伸ばしたほうが良いという意見には、私も基本的に賛成です。

ただ一方で、目を背けるだけでは単なる問題の先送りにしかなりません。

意識の片隅で気になって足を引っ張られてしまうと、夢中になることは難しくなるでしょう。ならばいっそ、短所とも向き合い、活用してしまうべきです。

余裕のない時に短所に向き合うと、自分を責めてしまうおそれがあります。子供やペットを見て、できないことを微笑ましく見守るようなイメージで、心に余裕のある時に、向き合ってみるのが良いでしょう。自分の短所にイライラせず、「しょうがないなあ」と許容し、そこまで含めて自分に納得できたら、好転する兆しです。

短所の克服に前向きになれたら、そんな頑張っているあなたのことを、きっと応援してくれる人が出てくるはずです。

役割がキャラクターを魅力的にする

ここまで、キャラクターを構成する要素から、いかに期待を生み出せるかという話をしてきました。しかし、皆さんは脇役のキャラクターや悪役に魅力を感じてしまった経験はないでしょうか？　たとえ優れた能力を持っていなくても、映画などで「あの脇役、キャラが立ってたよね」などと魅力を感じてしまうことはあると思います。

もし、キャラクターに対する魅力が長所にせよ短所にせよ、要素に対する期待だけなのであれば大して能力の無い脇役などに魅力を感じることは少ないはずです。つまり、能力が高いから、あるいは良い行いをするから魅力的に映るかというと、そうではありません。実はキャラクターの魅力は、要素以上にその「役割」に対する期待をどれだけ果たしたかということが重要なのです。

例えば、皆さんの会社に魅力的な上司とそうでない上司がいたとします。皆さんが魅力的かどうかを判断する基準は、上司の能力そのものではなく、その上司に何を期待しているかによって変わるはずです。

丁寧にサポートしてくれるタイプの上司を期待していれば、いくら能力が高くても面倒見が悪い上司に魅力は感じないでしょう。逆に優しさや親切さといった人間的な魅力はどうでもよくて、あくまでプロフェッショナルに正しい方向性を示してくれる上司を望めば、クールで面倒見が悪くても魅力を感じるはずです。

つまりキャラクターの魅力は、期待されている「役割」に対してどれくらい応えたかが左右します。**役割を果たせば果たすほど、キャラクターの魅力はアップするのです。**その ことを理解するために、主要な「役割」の種類を見ていくことにしましょう。

ストーリーを彩る主要な「7つのキャラクター」

キャラクターに対する研究は様々あり、いくつもの分類法があるのですが、私は代表的なキャラクタータイプを次の7つに集約しています。

①主体……ストーリーを主体的に経験する人
②客体……主体が行為を働きかける相手
③敵対者……主体の目的を邪魔する人
④協力者……主体と一緒に行動して、ともに目的達成を目指す人
⑤援助者……主体に必要な援助をする人。協力者ほど一緒には行動しない
⑥犠牲者……主体の目的達成の過程で犠牲になる者（アイテムの場合もある）
⑦いたずら者《もの》……主体の目的を邪魔することが多いが、終盤で協力したりもする

具体例があるほうが分かりやすいと思いますので、御三家映画のキャラクターを次ページの表にまとめました。この表を見てなんとなく意味が分かる役割もあれば、「協力者と援助者の違いはなんだろう？」など、疑問に思うこともあると思います。その辺りが整理できてくるとキャラクターへの理解度がぐっと上がったと言えます。

それでは、「役割」に注目しながら、この7つのキャラクターを順番に見ていきましょう。

「御三家映画」に登場する7種のキャラクター

	『鬼滅の刃〜無限列車編』	『千と千尋の神隠し』	『タイタニック』
主体	竈門炭治郎《かまどたんじろう》	千尋 / 千	ローズ
客体	竈門禰豆子《かまどねずこ》	ハク （両親）	ジャック
敵対者	猗窩座《あかざ》 魘夢《えんむ》	銭婆	キャルドン（婚約者） スパイサー（執事） ルース（母）
協力者	我妻善逸《あがつまぜんいつ》 嘴平伊之助《はしびらいのすけ》	リン （釜爺）	マーガレット（新興成金の夫人）
援助者	煉獄杏寿郎《れんごくきょうじゅろう》	湯婆婆 釜爺 （ハク）	アンドリュース（設計者） エドワード（船長）
犠牲者	煉獄杏寿郎《れんごくきょうじゅろう》	ハク （両親）	（老夫婦） （オーケストラ）
いたずら者	（我妻善逸） （嘴平伊之助）	カオナシ 坊	

主体は「ストーリーの視点」

主体の役割は、ストーリーの「視点」や「起点」になることです。一般的にはそのストーリーの主人公が主体です。皆さんの人生で言えば、あなた自身が「主体」となります。

『鬼滅の刃〜無限列車編』で言えば竈門炭治郎、『千と千尋の神隠し』で言えば千尋、『タイタニック』は少し変則的で、以前にも説明しましたが、ヒロインのローズが主体です。レオナルド・ディカプリオが演じたジャックは主人公ではありますが、役割としては主体のローズに対する客体という位置付けが正しいです。

ただラブストーリーの場合は、主体と客体は入れ替わることも多く、W主体と言えるケースが多いです。**ちなみに主人公の定義は「中心人物で最も観客の期待に応えるキャラクター」になります。**

客体は「達成基準」

客体はCQのところでも出てきたように、主体の「目的の対象」です。つまりこの客体がどうなるかがCQ達成の基準になります。医療ものの「患者」や、ラブストーリーの「相手役」が分かりやすい例です（キャラクターの分け方を細かくすれば「依頼者」というタイプもあるのですが、私は「客体」という言い方で統一しています）。

現実においてはビジネスなら取引先やクライアント、プライベートなら恋人や家族などでしょうか。場合によっては自分が働く会社の経営者や、所属する組織のリーダーなどを当てはめても差し支えありません。

敵対者は「乗り越えるべき壁」

「敵対者」も分かりやすいと思います。主体の目的達成を阻む存在であり、この敵対者との対決が、クライマックスとして見どころになることがほとんどです。

敵対者に役割があるというのは少しイメージしにくいかもしれませんが、ストーリーにおいては最も重要な役割と言っていいでしょう。**この敵対者が役割を果たすことで、主体のストーリーはより魅力的なものになります。**何かとキーになる敵対者については、後ほど詳しく説明します。

協力者は「運命共同体」

「協力者」は主体と行動を共にし、目的達成をサポートしてくれる存在です。いわゆる「仲間」と呼ばれる存在で『鬼滅の刃～無限列車編』の我妻善逸《あがつまぜんいつ》、嘴平伊之助《はしびらいのすけ》は分かりやすい例でしょう。

協力者は複数いることが多く、スパイものなどでは「メカに強い」「武術に長けている」「交渉が得意」など数人でチームを組んだり、ファンタジーでは「戦士」「僧侶」「魔法使い」などのキャラクター達とパーティーを組んだりします。

援助者は「気づきのきっかけ」

「援助者」は、その名の通り援助してくれる人なのですが、協力者と違って一緒に汗はかかないメンターのような存在です。『スター・ウォーズ』のヨーダと言えば分かりやすいかもしれません。

目的達成のために必要な気づきを与えてくれる存在であり、皆さんの人生で言えば先輩や上司、あるいは両親などでしょうか。必ずしも年上とは限りませんが、主体が持ち得ていない視点から助言をしてくれるありがたい存在です。

犠牲者は「ターニングポイント」

犠牲者の役割は、そのまますばり「犠牲」です。映画などでは目的を達成する過程で死んでしまうことが多いです。後々、その犠牲を乗り越えて目的を達成するためのターニングポイントを作る存在です。

また、人ではなくアイテムなどの時もあります。例えば両親にもらった大切なペンダントが敵対者によって無惨にも破壊されるなどの場合です。現実の人生で言えば、挑戦が頓挫する中で失ったモノや仲間などが挙げられるでしょう。

さらに言えば、犠牲者は何か別のキャラクターが兼ねることも多いです。『鬼滅の刃〜無限列車編』では援助者である煉獄さんが犠牲者にスライドしている形です。

ちなみに、キャラクターの役割がスライドするのはよくあることです。例えば仲間が敵側に寝返る「協力者から敵対者へのスライド」、逆に敵が味方になる「敵対者から協力者へのスライド」などが挙げられます。

いたずら者《もの》は「混乱」

いたずら者は少し分かりづらいかもしれません。敵対者に近いのですが、一匹狼だったり、時には主体を助けてくれたりと、ジョーカー的な役割をするキャラクターです。『千と千尋の神隠し』の「カオナシ」や、『HUNTER×HUNTER』の「ヒソカ」などが、よく挙げられる例です。

このいたずら者の役割は、事態を「混乱」させることです。いたずら者は主体側の価値観と、敵対者側の価値観の両方を持っていることが多く、そのどちらかが気まぐれに変わったりすることで事態が混乱します。

現実でいうと「気まぐれな上司」などが当てはまるかもしれません。皆さんも経験がないでしょうか。普段は邪魔ばかりしてきて混乱するだけなのに、たまに絶妙なタイミングで助けてくれて、許せてしまうような、そんな上司のことです。

キャラクターを「味方」か「敵」に分ける

ちなみに、キャラクターは大きく言えば、主体が目的を達成するために「協力する側」と、それに立ち塞がり「妨害する側」に分かれます。基本的には「協力者」「援助者」「犠牲者」が協力する側、「敵対者」「いたずら者」が妨害する側です。

いたずら者はジョーカー的存在なので、時には協力もしてくれます。

「ボトム」に落ちるまでは邪魔してきて、「再起」「上昇」では役割が反転して協力してくれるなどです。どっちつかずな「いたずら者」ですが、主体と敵対者の両方の価値観を持ち合わせ、主体が目的達成に必要な気づきを得るまでは敵対者側で、成長した暁には協力者のような働きをすることが多いのです。

ちなみに、先ほどキャラクターには役割がスライドする時があると言いました。協力者から敵対者へのスライド、あるいは敵対者から協力者へのスライドなどがよくある例ですが、役割がスライドしたことでキャラクターの魅力が増すことがあります。

なぜなら、本来は主体をサポートする側から邪魔する側になるなど、役割が180度変わることで、よりその後の役割が際立つためです。単なる敵対者より、主体を裏切って敵対者になったキャラクターのほうが、敵対者としての役割を全うしていると言えるのです。これは96ページで示したように、ストーリー自体が「V」を描くことで高低差が大きくなり、体感的な満足度が高くなるのと同じ理屈です。

ここまで、ストーリーに必要なキャラクターと、それぞれの役割について説明してきました。ここからは、周りとの関係性をどうやって意識し、適切に整えていくかについて考えていきたいと思います。

自分の世界にいるキャラクターと向き合う

ここからは、皆さんの人生において登場する人達を、キャラクター的に考察していきたいと思います。人生のストーリーは主体だけで進めることはできません。そのため、自分以外の登場人物がどのような役割を果たすかはとても重要です。その関係性が適切であるからこそ、あなたは安心して目的達成に向けて夢中になれます。

あなたの人生に登場するキャラクター達と良いハーモニーを奏でることで、あなたのストーリーが輝けるものになるのです。

そのためには、キャラクターのタイプや構成要素を基に、自分の人生における「周りの登場人物のキャラクター」を正しく捉える必要があります。まずは自分のストーリーに出てくる登場人物を書き出し、「客体」「敵対者」「協力者」「援助者」「犠牲者」「いたずら者」の6つのキャラクターに、誰がどう当てはまるかを考えてみましょう。

周りの人をキャラクタータイプに当てはめるのは駒扱いしているようで気が引けるかもしれませんが、こうすることで人間関係を客観的な視点で整理でき、適切な向き合い方が見えてきます。

まるで理想のチームを編成するように、周りの人ひとりずつの適材適所を見つけていくと、案外楽しい作業になるかもしれません。

客観的に考えてみることで、自分の視野の狭さに気づき、意外と大きな存在であった人物に気づくこともあるでしょう。騙されたと思って、ぜひやってみてください。

登場人物達は役割を全うしているかどうか

自分の人生を彩る登場人物達をひとまずリストアップできたら、今度はその人達が「役割」を全うしているかを確認していきましょう。

「役割」を全うしているかどうかは、自分のCQにどう関わっているかで考えてください。つまりここで「主体＋目的」「主体＋客体の目的」「主体＋障害」のどの型を選んだかが重要になりますので、それぞれのCQタイプ別に見ていきたいと思います。

「主体＋目的」型の人生を歩み、夢に向かってぐんぐん進んでいる人の場合、重要なのは「敵対者」です。目的を高く掲げ、堂々とそこに向かっていくのがふさわしい型ですので、壁となる敵対者も大きな存在のほうが乗り越えがいがあります。良い敵対者を持つことが、自分の限界を伸ばし、より高いところに辿り着くために必要です。

ただ、敵対者側にとってあなたが取るに足らない存在である場合はうまくいかないので気をつけてください。敵対者との差がありすぎるのは良くありません。圧倒的な敵で、倒すリアリティがないと期待が生まれないのです。

勝負は互いの本気がぶつかり合い、拮抗するからこそ、観客も固唾を呑んでその行方を見守ります。もし、どちらかが勝負に本気でなかった場合、その対決は名勝負とはならないでしょう。主体であるあなたが、その障害を乗り越えて目的を達成することで、最も大きな期待が生まれる敵対者を考えてみてください。

「主体＋客体の目的」型の人生を歩んでいる場合には、やはり「客体」との関係が重要です。以前にも説明したように、客体の目的が切実であればあるほど、主体であるあなたに対する期待は高まります。

その中で気をつけなければいけないのは、主体の目的があった上で、客体の目的があるということです。時々陥ってしまうのが、客体に依存する状態になってしまうことです。好きな人を幸せにしたい、クライアントを喜ばせたい、その気持ちに偽りはないでしょう。しかし、あくまで主体は自分だということを忘れないでください。


「主体＋障害」型の人生を歩んでいる場合には、障害は自ずと設定されていることが多いでしょう。敵対者や、場合によっては人ではなく事象かもしれません。そんな中で大切になるのは、「協力者」と「援助者」です。ここで重要なのは、協力者と援助者に対して、自分をさらけ出せる関係性になっているかどうかでしょう。そうであるからこそ、協力者や援助者はあなたを助け、導いてくれます。またこの型も依存関係に陥りやすいところがあります。助けてもらう、気にかけてもらうことが目的なのではなく、障害を乗り越えることが第一の目的であることを忘れないでください。

協力者、援助者との関係性構築が目的になると、あなたの人生にとって最も大切な「夢中」が成立しなくなるので注意してください。

「夢中」は人生に対する「主体性」が大前提で、それが失われると単なる依存になってしまうのです。

失いたくない「犠牲」を仮定してみる

ここまで触れていない「犠牲者」と「いたずら者」に関しても少し触れていきましょう。犠牲者に関しては存在しないこともあります。現実世界では、映画のように大切な人が失われるといった経験は少ないかもしれませんが、もし、何か大切にしているモノや関係性が壊れたような経験があれば、それが当てはまるかもしれません。

また、もしもを想像してみるのも有効です。自分にとって大切なもの、自分が目的を達成するためにどうしても必要だが、それが失われることは何よりもつらいもの。そういった犠牲を仮定することで、目的がより強固にイメージできます。

人生において想像しうる「最も避けたい犠牲」が「家族の死」なのか「破産」なのか、「別れ」なのか「夢を犠牲にすること」なのか。それらを考えてみることは「目的」を確認し、そこに向かう活力を手にすることにも繋がります。

この事について補足すると、まずはドラマカーブを思い出してください。目的を達成した時が「⑥クライマックス」、逆に目的達成に最も遠いのが「③ボトム」でした。ボトムはクライマックスとCQ達成度において真逆の状態です。だからこそフィクションのストーリーではクライマックスにも関係ある、最も出て欲しくない犠牲者を作ります。その絶望的な状況（ボトム）を乗り越えた先にクライマックスを作るのです。

その本質を捉えるならば、最も避けたい犠牲を思い描ければ、その正反対の事象にあなたの思うクライマックスがあるかもしれません。一つのアプローチとして、そんな順番で考えてみるのも有効です。試してみてください。

いたずら者がいると、人生がちょっと面白くなる

「いたずら者」に関しても、当てはまる人がいない場合も多いでしょう。ただ、いたずら者がいるとあなたの人生がちょっと面白くなる可能性があるので、少し周りを意識してみて欲しいです。

先ほどは「気まぐれな上司」の例を出しました。他にも、好きなことばかりやっている

お気楽そうな知り合いとか、きっとあなたの人生にいたずら者は登場しています。おそらくちょっとイラッとくる人です。敵対者というほどではないけど、時に目ざわりな人です。

いたずら者を説明する時に「主体と敵対者の両方の価値観を持っている人」と言いました。映画などで言えば敵対者のように邪魔してきたり、協力者のように助けてくれたりすることがあります。その転機は気まぐれではなくて、主体側に要因があることが多いです。主体が成長することによって味方になってくれたり、主体の捉え方が変わることで相手も変化したりする、そんなイメージで捉えるといたずら者の本質が見えてきます。

例えば、好きなことばっかりやってフラフラして、時には迷惑をかけてくる知り合いがいたとします。その人の「今」を大切にしている生き方に、本当はどこか羨ましいという思いがあるのかもしれません。あるいは、そこには自分が認識できていないコンプレックスやトラウマがあるのかもしれません。

自分が目を背けているものを教えてくれるのも、いたずら者であることが多いのです。いたずら者は、状況だけでなくあなたの心も撹乱します。だからこそ、目を背けていたものが浮かび上がり、時にはそれが内的ＣＱに気づくきっかけになるのです。

そんないたずら者がいたら、あなたの人生がちょっと面白くなる気がしませんか？

「いなくてもいいけど、いたら面白い」枠のいたずら者をぜひ見つけてみてください。

敵対者や負の感情と向き合うコツ

「悩みの9割は人間関係」という言葉があります。人間関係には様々な形がありますが、その中でも特に頭を抱えがちなのが、「敵対者」との関係ではないでしょうか。

その意味では「敵対者との関係が適切であること」が、夢中で生きるための最大のポイントと言えるかもしれません。

そこで、敵対者に関してはもう少しだけ説明したいと思います。

まず、敵対者は自分が110％の力を出した時に乗り越えられるくらいの対象であるのが望ましいです。今のままでは越えられない、けれど自分が成長すれば越えることは不可能ではない。それくらいの敵対者が相応しいと意識してみましょう。

とはいえ、敵対者を選べない場合も多いと思います。特に閉じられた人間関係の中では、どうしようもない場合があります。避けられず、越えられもしない敵対者ほどつらい存在はありません。しかし、今の時代は環境は自分で選び、構築できる時代です。敵対者から受け取るストレスが過度に大きい場合は、居場所を変える必要があるかもしれません。

個人的なアドバイスになりますが、そんな時は他のコミュニティで補完できないかを考えてみてください。自分の時間の1~2割でも費やせる居心地の良い場所を作ることで、気をそらすことはできます。嫌な気持ちを過度に反芻させるのは毒です。受け止めきれる範囲なら自分と向き合う時間になりますが、反転する気力まで絞り取られる「反芻」は危険です。できるだけ避ける手段を持ってください。

私がまだ20代でプロデューサーになる前、仕事が大変で会社を辞めようと思った時期がありました。そんな時、あまりにも元気がなさそうにしている私を見かねてか、とある人が「いますぐ自分を元気にできる手段を持っておきなさい」とアドバイスしてくれました。その人曰く、いつどこにいても元気になれる方法が三つあれば、大抵のつらいことは乗り越えられると言うのです。

その人にとっては「食」が重要で、「あのレストランの、あの一品を食べるだけで元気になる」という選択肢が10はあると言って、実際にその一つへ連れて行ってくれました。中華料理だったのですが、そこのフカヒレを食べた時の、その人の笑顔は忘れられません。そんな笑顔にさせてくれるものがあと9つもあって、どれにしようかなと考えるだけでその人は幸せになれると言っていました。私にとってはその時の言葉と笑顔は、今でもお守りのようなものです。

それ以来、私は他人に「充電方法」を尋ねることがプチ趣味だったりします。大体が「好きな場所」「好きな食べ物」「好きな映画」「好きな音楽」に集約されるようです。

人生の気晴らしを用意しよう

目の前の敵対者との関係に苦しんでいる人は特に、そうじゃない人もいつかの時のために、そんな「充電方法」を持っておきましょう。

ポイントがあるとしたら、自分一人で完結できること。遠くの「とっておき」だけでなく、近場で一人でできる「おてごろ」の両方を持っておくと良いです。

相手が必要だったり、遠くの「とっておき」が実現できない場合に、近場の「おてごろ」は効果を発揮します。一人で完結できたり、夜中でも大丈夫なことです。例えば「見る度に元気になる映画」を用意しておいて、つらい時には儀式のように見るなどがお薦めです。

私の場合は『今を生きる』という映画がまさにそれです。

正直に言えば、繰り返し見ることによって内容に対する感動は小さくなっています。**ただ「前回に見たのはこんな大変なことがあった時だったなあ」などと思い出し、「あれを乗り越えられたんだから、今回も大丈夫だ」と思えるのです。**

もっと言うと、「帰ったらあの映画を見よう」と決めた時点で、つらさが半分は和らいでいる「パブロフの犬」状態になっていきます。これは「料理」や「場所」でも同じでしょう。

話はそれましたが、そんな充電方法を持つことで、人生に必要だけど、対峙することがつらいボトムや敵対者と、うまく向き合っていけます。

ただし、自分なりの対処法を持ちつつ、可能な範囲で敵対者を根本から理解することも忘れてはいけません。また多くの場合、敵対者は主人公達を追い詰める憎たらしい存在ですが、時に魅力を感じてしまう事もあります。それはなぜでしょうか？

なぜ悪役でも魅力的なキャラクターが存在するのか

『スター・ウォーズ』のダース・ベイダーや、『アベンジャーズ』のサノス、『HUNTER×HUNTER』のメルエムや、『北斗の拳』のラオウ、『機動戦士ガンダム』のシャアなども魅力的な敵対者として挙げられる例です。

役割を果たすほどに魅力は増すという意味では、敵対者も障害となり、その目的達成を阻めば阻むほどに魅力は増します。逆説的ですが、障害となり憎まれたからこそ、敵対者としての役割を全うしたとも言えるのです。

また、そういった強敵の中でも特に語り継がれるようなキャラクターは、敵対者としての役割を全うするだけでなく、強い信念や哲学を持っています。

それは先ほど挙げた敵対者達を見れば分かります。どのキャラクターも、時に非道であれ、そこに貫いた哲学や、止むに止まれぬ事情のようなものを持っています。それに対して共感めいたものを覚えるかどうかは受け手の価値観次第ですが、その強い一貫性によって強く共感を覚えてしまうことがあるのです。

敵対者と言えどもCQは当然あります。単に主体の障害となるべく生まれたのではなく、主体と同じように切実なCQを抱え、たまたま主体とぶつかってしまったのです。

つまり敵対者は敵対者で主体としての人生を生きています。そのため敵対者であっても、揺るぎない信念や切実なCQを持っていれば、周りに共感される事もあります。

私達は、主体に目的を叶えて欲しいと思いつつも、敵対者の切実さも理解してしまい、双方に共感を持ってしまうのです。それは決して悪いことではありません。

むしろキャラクター全員に共感できるのが、最も素晴らしいストーリーと言えるに違いありません。

コラム

悪役を演じなくてはいけない孤独な皆さまへ

自分が敵対者という役割になることも大変な気苦労を伴います。例えば、リーダーやマネージャーであれば、部下を厳しく指導しないといけなくなります。また、互いに成績を競い合う営業などの部署では、自分が頑張るほど周りに敵を作ってしまうこともあるでしょう。

望まない形で誰かの人生における敵対者になってしまう。そんな経験は誰にでもあると思います。しかし、まずは敵対者である自分より、主体としての「自分の人生」を優先してください。他人のための人生ではなくて、自分が主体的に生きることが大事です。その上で、自分が夢中に生きるためにも、周りとの人間関係を円滑にできることが理想です。個別の関係性に気をとられ過ぎるのは望ましくありません。

「誰かの敵対者」になってしまった場合、こう考えてみてはどうでしょうか？

「主体と敵対者はお互いが引き立て役になっている」

敵対者という存在は、ストーリーを高めるためにも必要な存在です。あなたがいるから、誰かの人生が輝いているのだと思います。

孤独な闘いはつらいものです。でも安心してください。同じ孤独な闘いの末に名敵対者となった仲間がたくさんいます。むしろ主体をしのぐファンがついているキャラクターも少なくありません。敵対者なりの切実な目的や哲学を持っていれば、堂々とその役割をやり切れば良いのです。

敵対者が弱いストーリーは主体の活躍も大したことがありません。

魅力的な主体の陰には強大な敵対者がいるものです。大袈裟に言えば、あなたという敵対者がいるから、相手は成長できるとさえ言えるのです。

悪役を演じなくてはいけない孤独な皆さまへ、私の好きなオスカー・ワイルドの言葉を贈らせてもらいます。

「人間を善悪で区分けするなど愚かなことだ。人間は魅力的か退屈かのどちらかである」

影響を与えてくれる人こそ人生に必要な人

ここまで紹介した7つのキャラクターですが、第3章で紹介したドラマカーブと合わせて考えると、実はキャラクターごとに相性の良いタイミングというのがあります。

客体　：①に関係あることが多い
敵対者：③と⑥に関係あることが多い
協力者：②と⑤に関係あることが多い
援助者：②と④に関係あることが多い
犠牲者：③に関係あることが多い
いたずら者：③と⑤に関係あることが多い

それをドラマカーブに書きこんだのが次の図です。

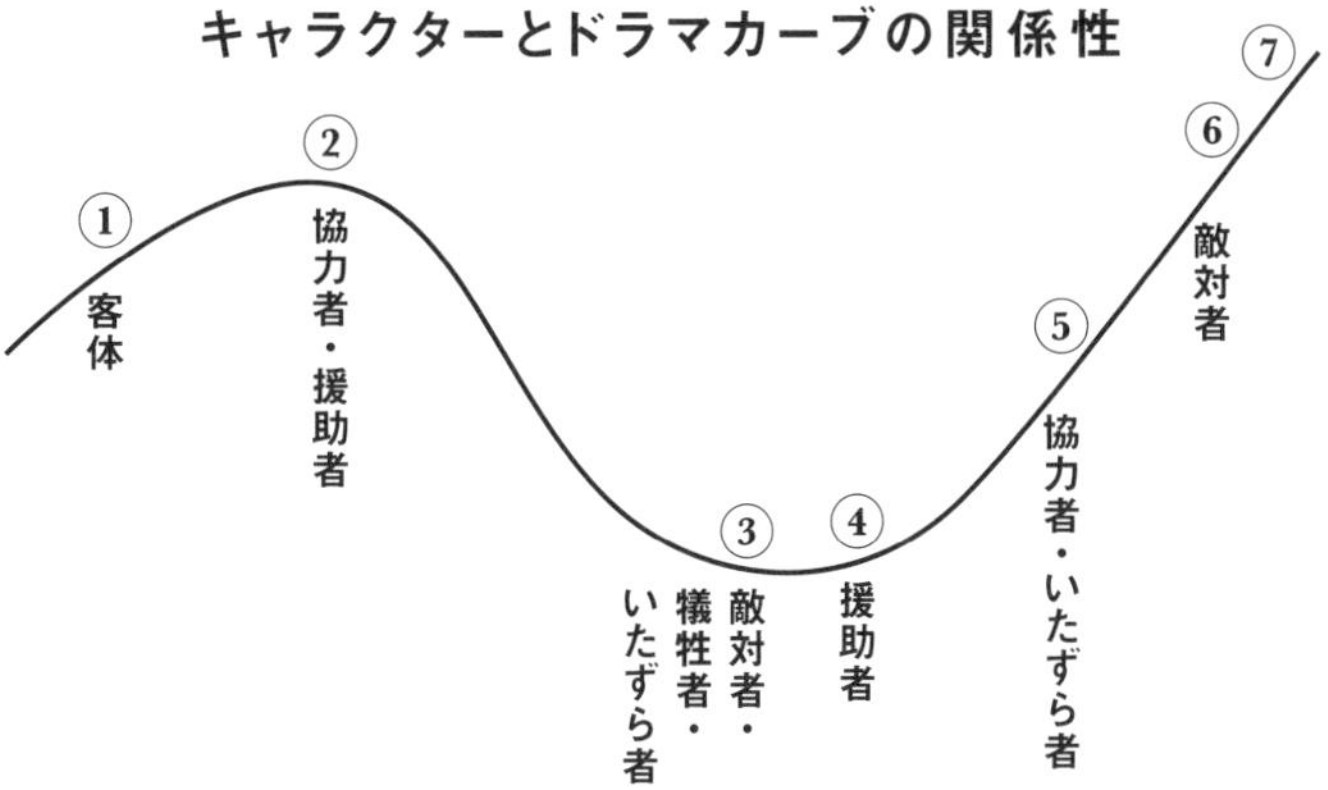

キャラクターごとに果たすべき役割があり、相性の良いタイミングがある。これはつまり、それぞれのキャラクターはドラマカーブを落とす役割と上げる役割に分かれるということです。

以前、「キャラクターは主体が目的を達成するために協力する側と邪魔する側に分かれる」と書きました。つまり必然的に、前者のキャラクターはドラマカーブが上がるタイミングで活躍し、後者のキャラクターはドラマカーブが下がるタイミングで活躍します。

それぞれのキャラクターの働きによってCQの達成度が変化し、ドラマカーブが描かれていく。つまりストーリーができていくのです。そのため、自分のドラマカーブを見つめ直し、今のタイミングに必要な人を意識するのも重要なことです。

ストーリーの段階によって、必要となる人、キーとなる人は変わります。

この世に不必要な人などいませんが、役割が間違って認識されていたり、タイミングが今ではない人もいるかもしれません。最も相応しい人に、適切な時期に適切な意識を向けることが重要です。

ストーリーとキャラクターが作り出す動的平衡

このように、キャラクターがストーリーに影響を与え、また逆にストーリーからキャラクターにも影響が与えられます。それはごく自然なことです。

エンターテインメント業界ではストーリーが先かキャラクターが先かという、「卵か鶏か」的な議論がよく起こります。答えは人によって違うのですが、私はどちらが先でも、互いに影響を与え合い、常に変化し続けるものだと思ってます。

最も良くないのは、ストーリーとキャラクターが噛み合っていないことです。人生に例えれば、自分のキャラクターを決めすぎて、流れの中で生まれるものを無視すること。あるいは、こんな未来を描きたいとストーリーを固めすぎて、それが自分のキャラクターに合っていない場合などです。

ストーリーとキャラクターはどちらもある程度の自由度や遊びを持って、お互いに影響し合うのが理想です。**その絶妙なバランスで成り立つ「動的平衡」こそがストーリーの躍動感に繋がります。**

動的平衡とは科学的な概念で、逆向きの過程が同じ速度で進行することで平衡しているという意味です(例えばコップの水があったとして、実際は蒸発したり、逆に液化したりが起こっているが、それぞれの速度が等しいため、見かけ上の状態として変わらないように見えるというものです)。現実世界がそうであるように、予定調和ではない、どちらに転ぶか分からない緊張感が、動的平衡から生まれているのです。

私は、その動的平衡がもたらす緊張感こそが「リアリティ」という言葉の正体だと考えています。そして今の時代、SNSに代表されるように、このリアリティがとても重要です。その動的平衡から生まれる躍動感やリアリティが、他人を惹きつけるのです。

動的平衡という「絶妙な安定」が、自分が夢中になるためにも役立つのですが、この話は次の第5章で詳しく説明したいと思います。

他者と関わり、影響を与え合うことを恐れるな

人生においては、登場する人物達と互いに影響を及ぼし合うことを前提として生きる必要があります。大袈裟に言えば、ストーリーの中で「変化がない」あるいは「何も変化させない」キャラクターは存在意義がありません。

特に主体は、自分が他のキャラクターを変化させるか、他のキャラクターによって変化させられる必要があります。あなたのストーリーの中で、あなたが変化もさせない、そしてあなたにも変化を起こさせない登場人物がいたら注意です。

時に、自分の人生で当たり前のようにレギュラーポジションを獲得している人も、もし変化が乏しい時期であれば、今はそっと控えにまわってもらう意識を持つと良いかもしれません。それは人生に不要ということではなく、今、あなたの人生のタイミングでは、もっと他の人との時間や意識を増やすほうが良いということです。

逆もまた同様です。時に他人は、自分の人生において不必要に感じたり、わずらわしく感じたりします。しかし、誰からの影響も受けなければ、あなたのストーリーは前に進みません。だから他人と関わることを恐れないでください。他人によって自分が変化すること、そして人生のタイミングによって登場人物が入れ替わることを恐れないでください。

キャラクターの魅力は「主体との関係性」の中から立ち上がってきます。

自分を含めた登場人物同士が、互いに精一杯影響を与え合い、その遠心力で遠くにいけるようなイメージを持つと良いでしょう。

変化を恐れず、その時々の影響の与え合いを楽しみ、未来に繋げていくことです。それこそが、あなたのストーリーだけでなく、全員のストーリーを魅力的にすることに繋がります。

さて、ここまでCQの型をベースに6種類のキャラクターとの関係性をおさらいしてみましたが、あらためて言うと、重要なのは「あなたが主体だ」ということです。これを何よりも忘れないでください。

登場人物が増えてくると、自分を脇役に置きがちです。自分はヒーローになれないと思い込み、せいぜい歯車の一つだと決めつけるのです。

でも、そうではありません。あなたの人生はあなたのもので、代わりがきかず、自分自身で作り上げるものなのです。外的要素、内的要素を駆使して、役割を果たせば果たすほどにその魅力は増していくでしょう。

さらに言えば、自らが輝くことで周りも輝きます。

客体、敵対者、協力者、援助者、犠牲者、いたずら者という6種のキャラクターは、あなたとの関係性において生まれています。言わばあなたの「鏡」のような存在なのです。

つまり、自らが主体としての役割を果たせば果たすほど、周りもそれぞれの役割を発揮できる機会を得て、その魅力を増していきます。

あなたのストーリーはそうやって共に作られ、その輝きを放ち合うのです。

煉獄杏寿郎が日本一共感されたキャラクターになった理由

ここまで、要素や役割から、どのように期待やキャラクターの魅力が生まれるか、そして人生に夢中になるための「理想的な人間関係の結び方」について話してきました。そのまとめ的な話をしながら、キャラクターの魅力についての核心的な話をしたいと思います。

それには、再び『鬼滅の刃～無限列車編』の煉獄さんの例に戻ります。これまでに見てきたように、煉獄さんの魅力は、能力の高さを象徴する外的要素、あるいは共感できる内的要素に現れています。

あわせて果たした役割も大きかったです。援助者として、これ以上なく存分に炭治郎達を守り、導きました。

猗窩座との戦いのなかで放った「俺は俺の責務を全うする！ここにいる者は誰も死なせない！」という言葉にぐっときた人は多いはずです。その言葉通り、最後まで責務を全うし、誰も死なせなかった姿は、見事に期待に応えたと言えます。その生き様を通じて、援助者として炭治郎達に大切なものを遺しました。

要素に優れていただけでなく、その役割を見事に果たしたからこそ、あそこまで共感されたのでしょう。

また役割を果たしたという点で補足するならば、煉獄さんは役割をたくさん持っていたレアなキャラクターです。まず援助者から犠牲者にスライドしたことが挙げられます。煉獄さんが援助者としての役割を果たせば果たすほど、犠牲者としての悲しみも大きくなりました。

そして、煉獄さんは援助者だけでなく、実際に危険をおかして目的達成に向けて行動を共にする協力者でもありました。さらに言えばストーリーの後半では主体とも言える役割を果たしており、最後は犠牲者として散っていきます。まさに一人で何役もこなす大活躍ですが、その全ての役割をこれでもかというくらいに全うしたことが、その魅力を高めた最大の要因と言えるでしょう。

しかし、それだけではないのです。

「内的CQへの共感がキャラクターの魅力も高める」

最後にキャラクターの魅力について、私が最も大切だと思うことを話させてください。それは内的CQに対しての共感です。**キャラクターの要素や役割に対する期待、それに応えるということが重要だというのは変わりません。しかしそれ以上に内的CQへの共感を大切にして欲しいのです。**

煉獄さんの内面的な魅力を語る上で、父親と母親、そして弟とのエピソードは外すことができません。実は父親との確執を抱え悩んでいた事実は、煉獄さんの知られざる一面を映し、多くの人の共感を誘いました。

母親からの「弱き人を助けることは強く生まれた者の責務です」という教えを何より大切にしていたこと。それを最後まで貫き通した姿に、観客は涙しました。

結果的に闘いには敗れてしまいましたが、勝ち負けではなく、要素や役割を超えた「信念」のようなものに、我々は最も感動したのです。

それはまさに内的ＣＱと呼べるもので、そこに私たちは共感し感動しました。煉獄さんのＣＱは母から受け継いだ「弱き人を助けることは強く生まれた者の責務」という教えを守り、その責務を果たすことですが、その根っこにあったのは「両親に認められたい」という切実な思いです。「両親に認められたい」という内的ＣＱ自体は、特別なものではありません。

日本を最も感動させたキャラクター・煉獄杏寿郎の魂とも言える内的ＣＱは「両親に認められたい」というごく普通のものだったのです。

しかし、だからこそ多くの観客に届いたのでしょう。根っこの思いは特別なものである必要はありません。その内的ＣＱに対して、どれほどに真摯に向き合っているかが、何より重要です。

内的ＣＱと向き合う姿に私達は共感する

キャラクターの章の結論として、内的ＣＱへの共感が何より重要だということに辿り着きました。

事件や騒動を起こしたタレントや芸能人の失敗談を聞き、そこから学ぶようなテレビ番組があります。いっときはバッシングをされた人であっても、その人がボトムにどのように向き合ったかを知ることで、私達はその人に共感することがあります。これも、切実な内的ＣＱに共感しているのです。

私で言えば、この章の冒頭で挙げたキャラクター達にそれを感じます。「逆境の中で諦めずに立ち向かう姿」「つらい時に歯を食いしばって〝ふんばる〟姿」、そうまでして成し遂げたい内的ＣＱに共感を感じるのです。

ストーリーとは、この内的ＣＱを感じるためのものと言っても過言ではないです。誤解を恐れず言えば、そこまでの構成や展開はお膳立てに過ぎないと言えるかもしれません。それくらい内的ＣＱは重要なのです。

ストーリーとはある意味、構成によって抱かされた期待を、キャラクターの内的ＣＱで受け止めるところが「ヘソ」と言えます。外的ＣＱを成し遂げるクライマックスがメインではありますが、ヘソは再起であり内的ＣＱなのです。

ストーリーへの期待が「入口」
キャラクターへの共感が「ヘソ」
クライマックスの満足が「出口」

内的CQに向き合い、懸命に生きている姿こそが、人を共感させ、感動させます。ここまで話してきたストーリーの「構成」「キャラクター」の全てに内的CQは関係しています。それくらい、あなたの人生においても内的CQは重要なものです。内的CQに向き合って夢中になっている姿が人を惹きつけ、共感や感動を起こすのです。

では、人はなぜ夢中になっている姿に共感、感動するのでしょうか？この核心的な問いに対して、次章で詳しく解き明かしていきます。

第5章

なぜ「物語」は、私達の心を動かすのか

――「共感と感動」の話

共感と感動のメカニズム

皆さんは、どんな時に「共感」「感動」するでしょうか？　私は涙もろいほうで、映画などを見ていてもすぐに泣いてしまいます。ただ、泣かせようとする演出が目立ったりすると、冷めてしまうこともあります。職業病というか、せっかく没入していても「作り手の意図」を感じると、意識が働いて集中がとけてしまうのです。

共感する、感動するという状態は、誰もが体験したことはありつつ、「主観的な意識体験」であるため、言葉で定義するのは難しいものです。どういうメカニズムで起こるのか、意識や心の中ではどういう変化が起きているのか。興味はあるけど詳しくは理解できていないという人が多いでしょう。

しかし、人の心の働きについて知ることには意味があります。抽象的な共感や感動に対する理解を深めることで、夢中になるコツも見えてきます。この章では、共感と感動が起きる心のメカニズムなど、人間の内面について学んでいきたいと思います。

共感能力は人間の真骨頂

「共感」を辞書で調べると「他人の意見や感情などにそのとおりだと感じること。また、その気持ち」と書いてあります。 つらそうにしている友人を見て、自分のことではないのに、同じようにつらい気持ちになり胸が痛んだなどの経験は誰にでもあるでしょう。

相手の状況を理解し、その感情を推しはかることで、いつの間にか自分も同じ感情を持ってしまうのですから本当に不思議なものです。実際には経験していないのにその感情を共有できる共感という能力は、人間を人間たらしめている能力と言ってもいいでしょう。

ただ、共感は繊細な意識体験であり、少しでも阻害するものがあるとうまく起こりません。冒頭の私の例もそれに近いですが、自分が共感するのも、相手を共感させるのも、簡単ではないのです。

自分の生き方に共感してもらうには、齟齬なく相手と感情を共有する技術が必要です。そのために感情が発生する仕組みや、感情が人間に与える作用について知ることは有意義です。それでは、共感に繋がる感情の仕組みについて、見ていきましょう。

感情が生まれるしくみ

共感を考えるにあたって、まずは感情が起こるメカニズムについて学んでいきたいと思います。なお、私は専門家ではありませんので、ここからの内容は医師の稲葉俊郎（軽井沢病院 副院長）さん、脳科学研究者の佐々木拓哉（東北大学 薬学部教授）さんに監修いただいたものになります。

感情は、感覚器からのインプットに対する反応として湧き起こります。視覚や聴覚などの五感で捉えた情報が信号として脳に届き、記憶と照らし合わされ、それが何かを認識しつつ、感情が湧き起こるのです。

感情の大きさは、記憶を基にした予測と実測の差（予測誤差）に比例し、予測通りであれば小さくなります。逆に予測誤差が大きければ大きいほど、つまり意外性があるほど感情は大きくなるわけです。

感情の定義は領域によっても違い、医学や脳科学（認知神経科学）においては「感情」ではなく「情動」と言います。何かを見て心拍数が上がるといった反応が情動反応で、つらいことを思い出し、そこに抱く恐れや悲しみなどの意識体験を感情と定義しているということです。

つまり、生理学的には喜怒哀楽といった細かい感情は定義ができず、興奮、不安、快不快に繋がるような内分泌やホルモン分泌の働きなどで捉えることが一般的なのです（心理学などでは、自己申告で喜怒哀楽的な感情に点数をつけるなどの方法も取られます）。

さらに言えば、情動は反応ですが、感情とは反応そのものではなく、その上に重なる意識体験です。

情動とは「感覚器からの入力による身体の反応」
感情とは「身体の反応が意識体験として出力された結果」

こう考えるとイメージしやすいでしょう。以後、この本ではやや省略する形で「感情」という言葉に統一していますがご了承ください。

人は出来事と感情をセットで記憶する

共感を考える上で感情は切り離せません。感情と共に共感が生まれるというのが私の考えです。では「感情はなぜあるのか？」と聞かれたら、皆さんはなんと答えるでしょうか？なぜと聞かれても困ってしまうかもしれません。それくらい当たり前のもので、「あるんだからしょうがない」というのが本音だと思います。

感情の役割として皆さんがイメージするのは、表情などによって感情が表現されることで、相手に気持ちを伝えるということかもしれません。実際、それも一つの役割だと思います。ただそれ以上に重要な機能が二つあると言われています。

感情は「記憶に対してのタグ付け」と「行動の誘発」という役割を担っているのです。

まず「記憶に対してのタグ付け」ですが、これには脳内の「扁桃体《へんとうたい》」という部位が大きく関わっています。短期記憶をつかさどっている扁桃体が、湧き起こった感情をタグ付けする形で、短期的な記憶を形成します。私達はこの働きのおかげで、過去と同じ出来事が起

記憶に対しての感情のタグ付け

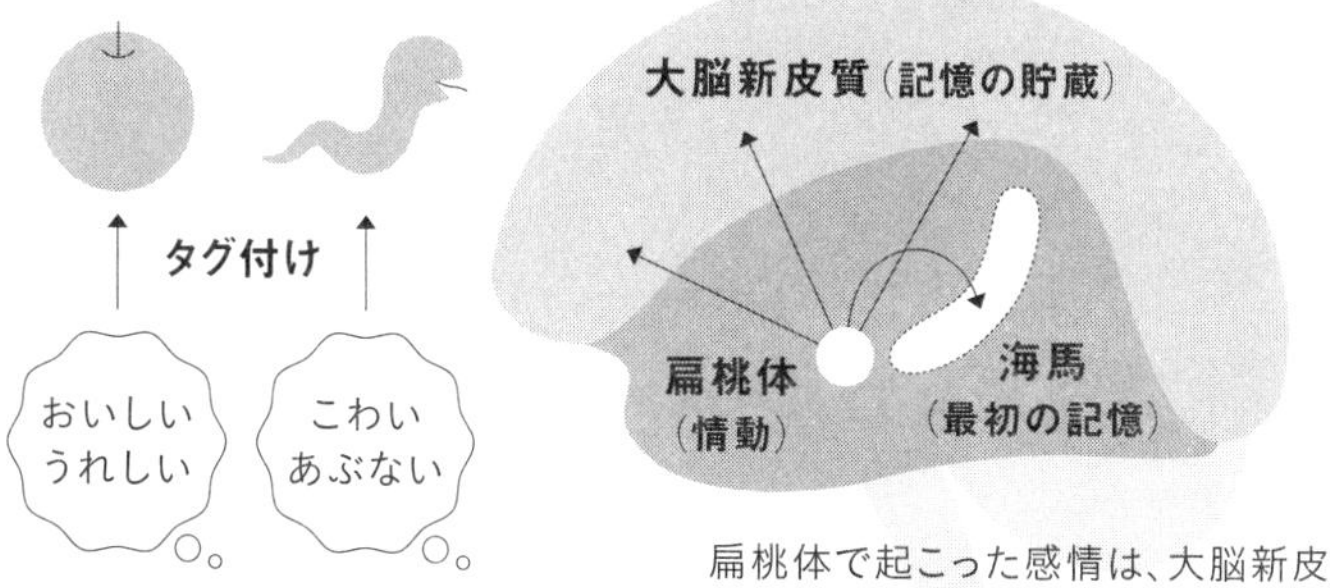

扁桃体で起こった感情は、大脳新皮質や海馬にある記憶にタグ付けされる。

こった際、すぐにその時と同じ感情が引っ張り出される仕組みになっているのです。

例えば、長時間走り続けると気分が高揚して「ランナーズハイ」と呼ばれる状態になりますが、あの時、脳内では「ドーパミン」や「エンドルフィン」という神経伝達物質が分泌されています。エンドルフィンが出て気持ち良さを感じている状態の記憶に、扁桃体が「楽しい」という感情をタグ付けすることで、またその記憶を思い出すと「楽しい」感情が湧き出て走りたくなるわけです。

人間は、このように何らかの生理学的反応と感情をセットにして記憶します。そうすることで、経験を重ねて賢い選択をできるようになっていきます。つまり感情は記憶を強いものにして、より生存確率を高める機能として備わっているのです。

同じ出来事でも異なる感情を抱く理由

「記憶に対してのタグ付け」は、感情のもう一つの役割である「行動の誘発」にも繋がっています。記憶から呼び起こされる喜怒哀楽といった感情は、次の行動を誘発するために湧き起こっているのです。

もう少し詳しく説明していきましょう。皆さんも、アドレナリンという言葉は聞いたことがあると思います。危機的な状況などに陥った時、アドレナリンというホルモンが血中に放出され、心拍数や血圧が上がります。これにより身体が活性化することで行動が誘発され、一時的にパワフルになるわけです。

アドレナリンは「闘争か逃走か（fight or flight）のホルモン」とも呼ばれます。つまり同じアドレナリンが出ている状態でも、感情としては「怒り」の場合もあれば「恐れ」の時もあるということです。

例えば街で喧嘩を売られた時、勝てそうな相手には「怒り」が湧き、勝てなそうな相手には「恐れ」が湧くことがあります。記憶と照らし合わせた結果、自分がコントロール可能で、行動によって打破すべき時には「怒り」が、コントロールが難しく逃げるのが得策だと感じれば「恐れ」の感情が発生するのです。

つまり、意識が感情を決定しているのではなく、記憶や経験によって最も適切な感情が勝手に湧き起こっているということです。

注目すべきは、同じ出来事でも主体の状況によって感情が変わるということでしょう。記憶という過去や、目的という未来、置かれている現在の状況によって、感情が変わるのです。

特に不快な感情はそうです。人間は幸せな記憶や「快」の感情より、生命の危機に関するような記憶や「不快」「不安」といった感情のほうがより強固に思い出されるようにプログラムされています。

なぜならば、生物の進化は、不快な経験を避ける方向に進んできたからです。私達にとっては「喜」や「楽」といった「快」な感情のほうが大切ですが、今ほどのうのうと生きられているのは生命の歴史としてはごく最近のことです。人は元来、幸せになることより不幸を回避することに一生懸命になる生き物なのです。

これは人間の本質とも言えることです。人は繰り返し同じ悩みに囚われてしまう生き物です。以前にも軽く触れましたが、何度もネガティブな出来事を思い出し、憂鬱な気分を増長させることを「反芻思考」と言います。これは猿にはなく、人間特有の行動と言っていいそうです。

反芻思考さえ止められたら、人間の精神的な負担はかなり楽になりますが、苦しみに囚われてしまうのが人間というもの。そして人間は「分からないもの」を放っておくことができません。「分からないもの」は「分かる」まで頭の中で意識が働いてしまいます。それも全ては生存のための本能なのです。

しかし、そのような感情の仕組みを知ることで、自分の感情を客観的に理解し、コントロールしやすくなります。怒りの感情を6秒我慢することで押さえ込むという「アンガーマネジメント」はその一例と言えるでしょう。

内的CQの重なりから共感が生まれる

人の感情は記憶によって生まれる。そして、危険を回避させるための感情が優先して湧き起こる。この2点はとても重要なことで共感にも深く関係しています。なぜならば共感とは、感情の共有が前提だからです。

『鬼滅の刃～無限列車編』での煉獄さんを例にとります。煉獄さんには「両親に認められたい」という切実な内的CQがありました。煉獄さんの根幹をなす思いです。

その思いに私達は大いに同情しました。親に簡単に認めてもらえず「つらい」という感情を共有し、そこから前に進む姿に共感したのです。

この時、「つらい」という感情を共有するのは、おそらくは自分の中にも同じような体験があったか、構造は違えど同じ感情を感じていた記憶があったからでしょう。

それは例えば親に対してではなくとも、誰かに認められたいという切実な思いかもしれません。そういった自分の中の気持ちと結びついて、共感は大きくなります。

内的CQの重なりの中で共感は大きくなり、感情の大きさと共感の大きさは比例しているのです。

また自らの記憶を振り返ってみても、喜びや楽しいといった感情より、負の感情を共有した経験のほうが多くないでしょうか。おそらく、つらい思いや悲しい思いが湧き起こった共感のほうが強く刻まれているはずです。

先ほども書いたように、それくらい長い進化の歴史の中では、生き延びることが切実だったということなのでしょう。**だからこそ共感は、つらい時期を懸命にもがいて乗り越えようとする姿に強く起こるのです。**

共感が生まれるしくみは、人間までの進化の過程の記憶（すなわちDNA）も含めて、私達人類全体の深い知性とも繋がっています。

CQにおける目的や障害が切実であればあるほど良いというのは、それが人間の本能を揺さぶるものだからなのです。

感動のメカニズム

先ほどの煉獄さんの例の続きを話します。「両親に認められたい」という切実な思いを持った煉獄さんに、私達は強い共感を覚えました。そしてその共感を胸に、「果たして鬼を退治することができるだろうか？」という外的ＣＱが果たされるかを見守りました。クライマックスで闘っているシーンでは、私達の心は外的ＣＱの達成を祈るばかりだったと思います。

そして煉獄さんが猗窩座に敗れ、息を引き取ろうとしたところで、主体である炭治郎達にかける言葉に私達は感動しました。ただしその瞬間、私達の心の中で煉獄さんと同じ感情を共有しているか、というと少し違うと思います。

ここが共感と感動の違いです。共感の段階では切実な思いや感情を共有しているのですが、感動はどちらかというと、その一つ上の視点から見ている感覚です。「煉獄さんは頑張ったんだ！」「炭治郎達に大切なことを伝えてくれたんだ！」「天国のお母さんは認めてくれたんだ！」というような形で、状況を少し俯瞰したものになっているのです。

感動＝大きな共感ではない

つまり、感動は「感情を伴った共感」をベースにはしているものの、「感動＝大きい共感」ではないということです。

ここが感動を理解する上でのポイントです。では感動とはいかなる現象なのでしょうか？どんなメカニズムで起こり、心の中ではどのような変化が起きているのでしょうか？共感の先にある感動について知るために、まずは感動が起きる瞬間から見ていきましょう。

一般的に感動は、感情が究極まで高まり起きると考えている人が多いと思います。映画などで言えば、クライマックスでＣＱが達成される瞬間に大きな感情が湧き起こり、それが感動に繋がるというイメージです。より正確に言えば、情動と呼ばれる生理反応が一定ラインを越えた興奮状態を感動と捉えているのでしょう。

ただ皆さんに問いたいのですが、興奮的な感動じゃない、もっと落ち着いた感動もあったりしないでしょうか？　感情の高まりとは関係なく、しみじみとする感動です。皆さんも、自分が感動した経験を思い返してみると、情動反応を伴わない感動の記憶があるはずです。私はそういった感動が何かということを突き詰めることが大切だと思っています。それがひいては、自分が夢中になって生きるためのヒントになると確信しているからです。そんなイメージでこの後も、感動とは何か、その本質に迫っていきたいと思います。

過去を乗り越えた成長に感動は生まれる

感動とは何か？　その問いに対する私の答えは「心の中でその人の価値観に関わるような重要な変化が起きること」というものです。具体的には、心の中にある矛盾、葛藤、抑圧といったものが昇華されたり解消されたりする瞬間を感動と呼ぶと考えているのです。

感動＝心の中にある矛盾、葛藤、抑圧が解消されること、その瞬間

誰しも心の中には、解決しきれていない問題が一つや二つはあると思います。ショックが大きすぎて一時的に閉じ込めておいた心の傷は、何かのきっかけでふと甦っては、再び私達を傷つけます。時間をかけて少しずつ慣れるしかないものもあれば、自分の捉え方が変化することで劇的に受け入れられるものもあるでしょう。

例えば、嫌な上司に苦しんだ経験は誰しもあると思います。その上司のことが頭から離れず、メールやメッセージが届くだけで憂鬱な気持ちになる。しかし時間が経ち、その上司から離れてみると、「あの人なりの事情があったのだなあ」なんて気づいて許せたなどの経験はないでしょうか？

単純に時間が経って感情が落ち着いたから許せたということもあるかもしれません。ですが多くの場合、自分も部下を持つようになってそう思えるようになれたとか、子供を持つことで同様の気づきを得られたなど、ちょっとしたきっかけがあるはずです。

つまり、何かの経験によって新しい「視座」（ものごとを捉える視点）を得て、それまで納得できていなかったことが受け入れられるようになったわけです。その時の閃きにも近いような瞬間が感動と呼べる瞬間なのではないかと、私は考えています。

もちろん、そのような感動は心の傷が癒える時だけではありません。世の中に対しての疑問や憤り、あるいは人間としての哲学的、根源的な問いに対して、何か自分の中でストンと腑に落ちるような意識体験も同様です。時には、なかなか答えの見えない深い問いもあるでしょう。「矛盾」と呼ばれるような問いです。

私も、子供の頃にある矛盾を抱いた経験があります。それは「赤信号は止まらないといけない」と言われた横で、堂々と信号無視をする大人を見た時のことです。その瞬間、自分自身が傷ついたようなショックを受け、その光景はその後もずーっと心の中にささくれのようなトゲとして残り、たまに思い出してはその度に考えさせられました。

「人はなぜ争うのか？」などの根源的な問いも含めて、どんな人の心にも、多くの矛盾、葛藤、抑圧といった解決できていないモヤモヤが存在していることでしょう。

こういった矛盾、葛藤、抑圧などが、何かのきっかけで劇的に、あるいは時間とともに解消されます。その瞬間に感動は生まれているのです。

このように、感動は必ずしも興奮の度合いと関係があるわけではありません。予測と実測の差や、そこから生まれる感情が小さくとも、抱えていた傷や矛盾、葛藤などを乗り越え、新たな気づきと共に訪れるのです。あるいは、自分の生き方や世界観を変えるという意味では、「自身の成長」を感じることで生まれるものと言えるかもしれません。

クライマックスを支えるもう一つの感動

感動の理解が深まったところで次はストーリーにおける感動を掘り下げていきましょう。ドラマカーブの①～⑦の中で、感動ポイントとして挙げられるのはどこでしょうか？

先ほども話したように、多くの人が「⑥クライマックス」に感動が多いと考えるでしょう。ですがもうひとつ、「③ボトム」から「④再起」する瞬間に湧き上がる感動もあるのです。

第3章で、主体は再起の瞬間で内的ＣＱと向き合い、なんらかの気づきを得ることが多いと説明しました。この気づきを得た瞬間とは、まさに私が先ほど説明した「自身の傷や矛盾、葛藤、抑圧などを乗り越えた時」とも言えます。

つまり、私達はストーリーの中で主体が気づきや成長を経験する姿を見ることで、自らの同様な記憶や感情が湧き起こります（これがまさに共感と呼ぶものです）。結果、主体と同じような気づきを得て、感動するのです。

本当の物語を見つけた時に、感動の連鎖が起きる

エンターテインメント作品を作る場合においては、そのような気づきが生まれるシーンは、脚本家など作り手もそれを書いた瞬間に感動と似たような意識体験をしていることが多いです。つまり「あっ、私はこれを伝えたかったんだ」と稲妻が走るような感覚です。

もしかしたら皆さんが仕事などで何かしら「閃き」に近い感覚を得た時も同じかもしれません。それはクリエイティブな仕事に限らないでしょう。自分の中にあったものが繋がる瞬間です。３Ｄで飛び出す絵本のように、ずっと目の前にはあった、けれど、その時まで見えていなかった答えが、一気に飛び出して見えるような体験です。きっと皆さんにもあると思います。

ストーリーの作り手と受け手の間で言えば、その瞬間を通して、作り手の気持ちに受け手が共感したと言えるのでしょう。**作り手の切実な思いに共感し、作り手が託した希望のようなものが、ストーリーを通じて受け渡されるのです。**

皆さんの人生が誰かに感動を与える時も、同じ現象が起こっています。**つまり皆さんが切実に内的CQに向き合い、行動をしている姿が、それを見届けた人に感動を与えるのです。**そのためには、向き合っている内的CQが「TRUE」であること、そしてあなた自身が全力でそこに向き合い、夢中になっていることが必要です。

それは必ずしもドラマチックなゴールの瞬間ではないでしょう。

確かに、何かを成し遂げたクライマックスの瞬間は、意識的な興奮も伴い感動的です。記憶に残りやすい瞬間でしょう。ですが、そうだとしても、あなたが自分の中に何か気づきを得た瞬間がそれを支えているのは間違いありません。真の感動スイッチは、もっと手前の瞬間に静かに押されているのです。

結果を出すことに固執せず、皆さんの生き様や夢中になっている姿こそが共感や感動を呼ぶと信じてください。そのためにも、自分の内的CQを理解し、取り組むべきものに確信を持てていることが重要なのです。

感動の本質は「あるべき世界」

ストーリー的な感動を掘り下げたところで、次はもっと静的な感動に意識を向けていきましょう。例えば、偶然に出会った虹や、言葉を失うくらい素晴しい自然の風景に、人は感動します。それらの感動と、先ほどまで説明していたストーリーから得られる感動はどう違うのでしょうか？

もちろん、美しい自然を通して、ある種の真理に気づくこともあるでしょう。**自然には様々な形で黄金率が潜んでいます。そういった神秘性に触れることで得た気づきが、心の中の矛盾、葛藤、抑圧を昇華させることは十分にありえます。**

しかし、ストーリーのように変化から感じられるものでもなく、対象から内的ＣＱを感じられるわけでもない、ただその美しさにずっと触れ続けていたいと思うような感動は、やはり少し種類が違うように思えます。つまり感動には、意識的興奮を伴う「動的な感動」と、意識的興奮を伴わない「静的な感動」があるのです。

感動とは「プチ悟り」

私は長らく、この2つの感動には共通する原理があると思いながらも、それをうまく言葉にできずにいました。

しかしある時、ふと「あるべき世界と現実が重なると人は感動する」という気づきを得ました。それこそ私にとっては目の覚めるような感動と呼べる瞬間でした。

動的な感動の例として、再び煉獄さんの話をします。煉獄さんには「母に認められたい」という切実な内的CQがありました。死ぬ間際の煉獄さんが、母の残像に褒めてもらえた瞬間は多くの人が涙したシーンです。もしかしたら日本一の映画の日本一泣いたシーンと言えるかもしれません。そしてあのシーンはまさに煉獄さんが「あるべき」と願っていたものと目の前の現実が重なった瞬間と言えます。

あるいは『タイタニック』で船が沈む間際、身を寄せ合って死を覚悟した老夫婦、自分たちの務めを最後まで果たそうとした音楽隊への感動は、まさに「あるべき世界」が重なった瞬間です。

では次に、静的な感動として美しい自然を見た時のことを考えてみましょう。美しい自然を見た時のように、身体において情動反応が出ていなくても、ずっとそこに浸っていたいと思うような感動をしたとします。その時も、「そうあって欲しいと切実に願っていた世界が、目の前に現れた」と言うことができます。

このように私は、あらゆる感動が起きる瞬間は、「〝あるべき〟と願っていた世界や姿と、現実が重なった」という言葉で説明できると思い至ったのです。

「あるべき世界」というのはちょっと宗教っぽい言い方かもしれませんが（ちなみに私は無宗教ですが、どちらかといえば神道や仏教など東洋的な思想に惹かれています）、実際、感動とは「プチ悟り」に近いものではないかと思っています。つまり、感動によって新しい視座を得て、少し悟りに近づいたという意味です。

「悟り」は仏教の言葉です。「迷いの世界を超え、真理を体得すること」などと定義されています。**私は、感動は新しい視座を得ることと捉えていますが**（**意識的興奮ではなく無意識的感動のほうです**）、**悟りとは果てしなく感動していった先にあるものではないかと想像しています。**

「あるべき世界」と聞くと、平和とか平等とか、誰もが賛成する道徳的なものが浮かぶかもしれませんが、核となるのはもっと個人的な、内的CQと密接に関わっているものです。「愛する気持ちが成就する世界であって欲しい」とか「正直者が損をしない世界であって欲しい」とか、個人の価値観に根ざした切実なものなのです。

この、自分が願う「あるべき世界」を意識することが、自身の内的CQに気づき、ボトムからの再起を描き、そこに感動を覚えるために不可欠なことです。この話は第6章で「世界観」というテーマで詳しく説明します。皆さんも自分の中にある「あるべき世界」について、少しイメージしてみてください。

コラム

意識を刺激するエンタメと、無意識を刺激するアート

意識的興奮と無意識的感動という言葉を書きましたが、これはエンタメとアートの違いでもあります。

エンタメ作品が生み出す感動は「意識」によって起きています。映画や小説、マンガ、ゲームなど連続した時間の中で表現されている作品は、先を予測しながら意識を働かせて見るものです。意識上で、描かれている事象や変化を「意味」に変換する作業が行われていて、その変化を楽しみます。

一方、アートはというと、そういった意識をできるだけ働かせず、無意識に作用することを目的として作られたものになります。むしろそこから受ける意識的興奮が少ないほど、作品の持つメッセージが無意識に届きやすくなります。

アートは多くの場合、ダイレクトに無意識に働きかけるため、あえて抽象度を高く表現しています。よくアートは難しいと言う人がいますが、それは言語化できないくらいに抽

象度を上げているからです。

同様に、アートは退屈だと言う人もいますが、意識的興奮を起こさないことが必要だと考えれば、それは当然なのです。

ここがエンタメとの違いです。そもそも無意識をターゲットにしているのがアートだとしたら、エンメは意識的な興奮を起こし、その時間を満足させることを第一の目的にしているからです。

もちろん、エンタメにもアート的な要素はあり、その時間を飽きずに楽しめた上で、深い感動に辿り着く時もあります。逆もまた然りです。

意識的興奮と無意識的感動は、どちらが優れているということではなく、意識と無意識のどちらをターゲットにしているかという、ゴールの違いです。

今、自分はどちらを求めているかを意識して、日々それぞれに触れてみるのも、自分のことを深く知るためには良いでしょう。ぜひ試してみてください。

夢中なくして感動はない

これまで意識していなかった内的ＣＱに気づき、葛藤や矛盾を乗り越えた時に感動は生まれると言いました。それは結果的に、相手も感動させます。

そして、この感動の連鎖が起こる土台にあるのが、「夢中」と呼ばれる状態です。

いよいよ、本書のゴールであった「夢中」状態を詳しく説明していきたいと思います。

「フロー」「没入」「ゾーン」など、夢中に近い言葉はいくつかあります。定義や使い方はそれぞれですが、基本的には同じような状態と考えてください。その上で、この本では基本的に「夢中」と「没入」に集約して使っていきたいと思います。

ちなみに夢中と没入は少し違っていて、個人的な定義ですが、「物語」と「ストーリー」の関係に近いです。夢中には没入にプラスして、そこに前のめりになっている自分がいる。そうイメージしていただけると分かりやすいかもしれません。

ですので、この後は、基本的には没入を使い、そこに皆さんの物語が感じられるような状態を夢中と定義して、使い分けていきたいと思います。

少し混乱しやすいのですが、その違いが分かってくることが重要です（この後詳しく説明します）。

さて、イメージしてみて欲しいのですが、自分が感動していた瞬間、「私は今、感動している」と自覚したことがある人はいるでしょうか？　意外かもしれませんが、感動している自分をリアルタイムで自覚することはできません。それは、寝る瞬間を意識的に捉えられず、気づいていたら寝ているのと同じです。

感動している時というのは、我を忘れた状態になっているのでしょう。まさにこの状態が没入です。**没入することによって、普段意識できていない無意識まで辿り着き、内的CQに触れ、感動と呼べる瞬間が訪れるのです。**

意識が働いている時には、どうしても無意識にある心の奥底までは辿り着けません。その意味では、没入は感動の前提条件とも呼べるものなのです。

没入とは予測と現実が一致している状態

没入状態は映画などを見ている「受け身」の時だけでなく、読書やスポーツなどの能動的なアクションにおいてもありえる状態です。人は没入している時にパフォーマンスが上がり、ものごとがうまくいくと言われます。

ビジネスやプライベートでも、試行錯誤し続けた結果にできたものより、集中していつの間にかできていたアイデアやプランのほうが良いということがありませんか？　ふっと訪れた閃きの瞬間や、自分の中でスムーズに生み出せたもののほうがとんとん拍子で進み、結果を出しやすいといったことです。それは、没入効果で自分の無意識に存在していた良いアイデアを無理なく引っ張り出せたからだと言えます。

同様の没入状態は、スポーツの世界では度々目撃されます。伝説的な野球選手やテニスプレイヤーが「球が止まって見えた」と言ったり、競馬騎手やレーシングドライバーが「他の馬（車）の動きを完全に把握できた」と言ったりするケースです。この現象は「ゾーン」と言ったほうが聞き馴染みがある気がしますが、没入と同じ意味です。

この没入状態を言語化すると、「予測と実測の差（予測誤差）がない状態」と言えます。つまり、予測通りに周りが動き、全てをコントロールしているような状態です。

こう考えたのは以前、ＡＩ研究者の三宅陽一郎さんと話していた時のことです。三宅さんから「意識は直面する問題を解消するために立ち上がる」という話を聞き、私は電流が走ったような衝撃を受けました。ここでいう「問題」には、例えば目の前のコップを右手で取るか左手で取るか、今日の昼ごはんをどこで食べるか、といった問いも含まれています。

意識は、予測誤差があった時や、複数の選択肢がある状態に判断をするため、あるいは判断のプロセスを記憶するために立ち上がるのです。

逆にその判断をする必要がなければ、意識は立ち上がりません。これが、没入やフロー、ゾーンと言われる状態なのでしょう。この状態は脳にとっても、余計なエネルギーを消費しないため望ましく、アウトプットにも優れている理想的な状態です。

夢中と没入の違いとは何か？

それでは夢中と没入はどう違うのでしょうか？

私は、夢中には没入以上に、自分が本当に望んでいるものや、どうしても叶えなければいけない切実な思いが乗っかっていると定義しています。

例えば、心から好きでなくとも、映画やゲームなど、ある条件が整うと没入は発生します。一定以上のスキルがあるもの同士が呼応し合えば、そこに没入は生まれるのですが、夢中は、自分の物語を見つけ、そこに懸命に向き合っている時ではないと辿り着けないと私は考えているのです。あえて公式を作るとすれば、次のような形です。

夢中＝没入＋内的ＣＱ

つまり夢中は、自分の内的ＣＱに取り組み、懸命に向き合うことでなしえる状態で、他人の内的ＣＱに届きやすく、共感を生んだり感動を生んだりするということなのです。

没入は他人に伝播する

エンタメのドラマカーブで言えば、「④再起」の後に「⑤上昇」があり、「⑥クライマックス」を迎えます。この「⑤上昇」ゾーンにおける主体は没入を超えた夢中状態であることが多いです。

『鬼滅の刃～無限列車編』で言えば前半のクライマックスで、敵の妖術の罠を乗り越え、脇目も振らず敵に向かっていくシーンが続くところです。主体の炭治郎は大好きな家族と一緒にいたいという切実な内的CQを抱え、このまま夢の中に浸り続けるか葛藤しますが、それを断ち切って鬼を退治することを決意します。

そうやって家族への未練という内的CQが克服され、あらためて外的CQの達成に向かっていくのです。この時の炭治郎は吹っ切れた状態で、行動に迷いがありません。目的達成に向かって迷いなく進む状態は、予測誤差の少ない没入状態であり、さらに思いも乗っかった夢中状態であると言えるのです。

また、そんな主体を見ている私達も没入状態に入りやすいのがこの上昇ゾーンです。上昇ゾーンは、アップテンポなBGMがかかり、勢いのあるシーンになることが多いです。そうやって乗りに乗ったシーンというのは、見ている側も没入しやすいです。

没入状態は不思議と、目撃する人にも伝播しやすいという特徴があるのです。

没入状態は見届ける側の予測誤差も減り、自然と無意識への扉を開きやすくするというのが私の考えです。映画だけではなく、スポーツなどでも、選手達が「ゾーン（没入）」に入った息を呑む展開が続くと、それを見ている私達もいつの間にか固唾を呑んで見守ります。

赤ちゃんや動物など、その純粋性に心を奪われた経験は誰しもあると思いますが、あれは赤ちゃんや動物がある意味の没入状態だからかもしれません。

一心不乱に何かに打ち込む人の姿に、私達はつい目が話せなくなります。

皆さんが何かに没入するほどに打ち込んでいる姿は、それだけで周りの人を惹きつける力があり、共感や感動にも繋がるのです。

夢中になるための技術

没入状態とは、予測誤差のない状態。その状態でさらに内的CQの指し示す方向に邁進している状態を夢中と呼ぶ。つまり夢中であるためには、自らの内的CQを理解していることが重要だということになります。

もし自分の内的CQが定まっていれば、自ずと夢中にはなりやすいです。しかし、内的CQが自覚的にあるからといって、夢中になれるわけではありません。つまり内的CQは必要条件ではあるけど、十分条件ではないということです。

他に何が必要かというと、それは環境を作る力であったり、集中したりする方法です。スポーツ選手や武道、古典芸能の世界で、精神を集中するための時間や技術があるように、それ自体が一つの「道」であるとすら言えます。

どうすれば没入状態に入り、集中できるのか。この章の最後に、没入状態に入るための環境やフィジカル面でのコツを話したいと思います。

反応するものを周囲からなくす

よく作家がホテルに缶詰になって原稿を書くといった話があります。余計な注意力を払わなくていい状態に自分の環境を整備するのは、没入状態になる上で大事な技術と言えるでしょう。

解決すべき問題があると意識は立ち上がってしまうので、何も解決する必要のない状態を作ることで、没入しやすくなるのです。

私は集中して何かに取り組もうとすると、無性に掃除がしたくなる時があります。そんなことをしている場合ではないのに、そういう時に限ってなぜか気になってしまい、時間を費やしてしまう。皆さんも、掃除に限らずそんな経験はないでしょうか。

私はずっと、これは逃避行動だと思っていました。でもある時、余計なことに気を取られない状態でないと良いアイデアは浮かばないのかもしれないと思ったのです。それ以来、掃除は環境作りとして必要なのだと割り切ることにしました。今は集中するための儀式のつもりで掃除を行っています。

スティーブ・ジョブズが毎日同じタートルネックを着ていたというのは有名な話です。また多くの経営者が朝型で、朝一の静かな時間に重要な意思決定をするなどもよく聞きます。没入状態になるためには、環境を整えることが重要なのは間違いありません。

共感や感動といった意識体験は受け身的な行為ですが、それは人間が「反応」で生きる動物だからです。

頭の中に意識という司令塔がいてものごとをジャッジしているのではなく、全ては反応だということが最近、明らかになりつつあります。

反応は五感などの知覚に対して都度起こりますし、記憶の想起によっても起こります。当然、見知らぬものがあると反応は強くなります。人間は分からないものがあると放っておけないため、分かろうとする意識が自動的に働いてしまうのです。

ですので、本当に集中したい「問い」があれば、それ以外への思考はなるべく手放せるようにするか、気になってしまうことは先に解決してしまうのが良いでしょう。余計なことに反応しないことで、没入状態へ入りやすくなります。

自分の意識を整えるためには、まずは周りの環境を整えることが重要なのです。

真のクリエイティブは〝締め切り〟からは生まれない

環境作りの話にも繋がりますが、「締め切り効果」という言葉があります。締め切りがあることでそれに向かって集中力が増し、アウトプットのクオリティも上がるというものです。チームや組織をマネジメントする立場の人なら、締め切りやある程度のプレッシャーがあったほうが、メンバーから良いパフォーマンスが返ってくる実感があるのではないでしょうか。

プレッシャーなどによって追い込まれた領域も、ある意味で没入と呼べる状態ではあります。ゾンビに追いかけられて生きるか死ぬかの状態で逃げ惑う時の必死さは、究極の没入状態とも言えるでしょう。

ただ、それは本来の没入ではなく、危機からくる興奮状態です。危機回避の行動を促すため、アドレナリンが分泌されていますが、その状態では無意識には届きにくいです。必死すぎて、無意識領域に呑気に触れられる余裕はないからです。

私は「真のクリエイティブは〝締め切り〟からは生まれない」と考えています。

これは仕事の種類次第で「最適な組み合わせを発見することが目的」ならば別です。とにかく数を出して最も適切なものに調整していくためであれば、締め切りやプレッシャーは有効だと思います。

ですが、人の心を動かすものを作ろうとする時には、受け手の心と通じるものを自分の中にも見つける作業が必要です。それは意識下ではなく無意識の中に潜らないとなかなか見つからないものです。

私にとってのクリエイティブは無意識の中にある「創造性の発露」で、夢中状態と大変相性が良いものです。夢中になるのと同様、無意識に潜って何かを持ち帰るには安心できる状態が必要であり、締め切りはその邪魔になるというのが私の持論です。

つまり没入状態に辿り着くためには「心理的安全性」が必要なのです。心理的安全性が担保されていないと、人の身体や意識は外部の不確実要素に気を取られ、意識が立ち上がってしまい、没入や夢中になれません。

だから夢中になるためには、自分が安心して取り組める環境と対象が必要です。決断を焦ったり、必死になりすぎたりすると、意識に囚われて夢中にはなれないのです。

緩急でフロー状態を作り出す

とは言いながら、締め切りも無しに仕事をはかどらせるのも大変です。そこで、適度な緊張感を利用する応用方法を紹介したいと思います。

よく散歩している時とかお風呂に入っている時にアイデアが浮かぶという話があります。そういう状態は私の中では、没入というより「フロー」という言葉のほうがしっくりくるのですが、フローは緊張からの緩和によって生まれると考えています。

緊張から緩和という状態にスライドした時に、束の間の安心状態が生まれ、無意識にタッチしやすくなっているのです。

その原理を使えば、締め切り効果で追い込んでおいて、ちょっとしたブレイクタイムを作るなどが有効です。あえて緩急を作って、フロー状態を作るのです。

仕事ができる人は、自分なりの集中やフローのコツを持っていて、上手に利用していることが多いです。ストレスがそもそも全て悪ではないように、締め切りやプレッシャーが悪というわけではありません。

ほど良い締め切りを利用して、適度な緊張感を生み、そこからの解放の瞬間を作って、自分の無意識にタッチするというのは私もやることです。

心理的安全性は人それぞれとも言えますので、散歩やお風呂のように、自分なりの「型」を見つけると良いでしょう。ぜひ自分なりの秘密のトンネルを見つけてみてください。

自分を整えて良い反応を生み出す

夢中とは、意識を働かせずに勝手に身体が動くとも言える状態です。その意味で、環境を整えるように、反応する自分を整えることも重要です。**人間は全て反応で生きていると捉えれば、人間自体が息の吹き込み方一つで音色を変える楽器のようなものです。**良い音を奏でるためにも、自分の意識と身体を整えていきましょう。

まず何よりも重要なことは「健康」であることです。健康でなければ、健康であろうとするための反応で意識は大忙しになってしまいます。これは「マズローの欲求五段階説」の話を持ち出せば自明です。生理的欲求、安全欲求が満たされていないうちは、それ以上の高次な欲求を求めている余裕がないのです。

「人間的欲求」と「CQ」の関係性

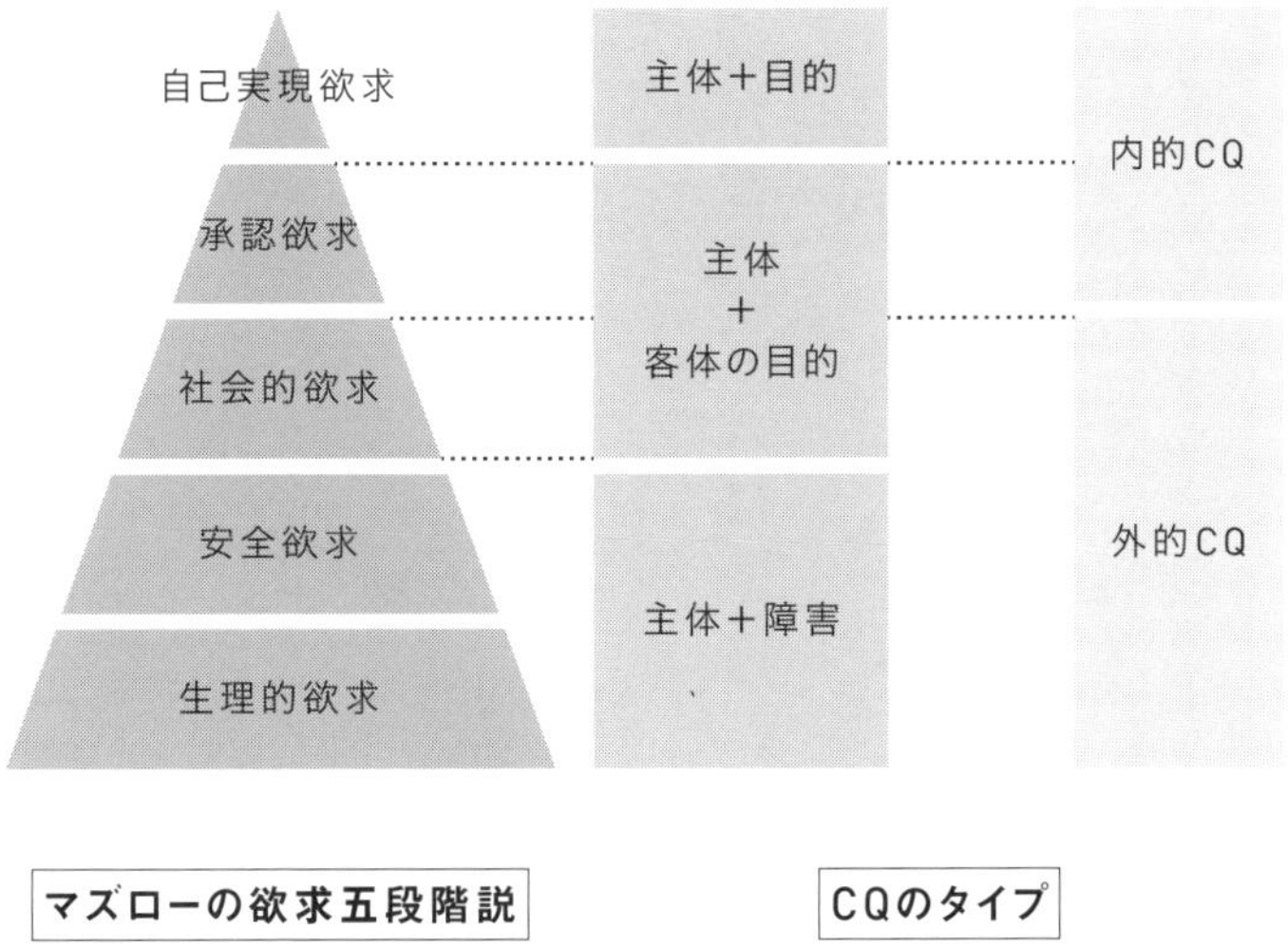

感情は内臓状態が左右するという話もあるように、まずは健全な身体に健全な意識を乗せて、心地良い状態をできるだけキープすることが大事です。

一流のビジネスパーソンにはヨガをたしなむ人も多いです。エクササイズのように捉えられていますが、ヨガのポージングは全て、その後の瞑想に入りやすくするための準備でもあります。自分のコンディションを整え、夢中になりやすい状態を整えることも重要です。

小さい頃の記憶が豊富な人は夢中になれる

そして私はもう一つ、「小さい頃の記憶」を大切にすることをお薦めします。これは一見夢中とは関係ないことのように思えますが、没入するための訓練のようなものです。

小さい頃の記憶というのは、無意識の領域にもまたがって、記憶や無意識の奥のほうにたたずんでいるものです。それらへのアクセスを強めると、集中力も増します。

実際、私がこれまでに一緒に仕事してきた中で、優秀なクリエイターに共通するのは「小さい頃の記憶が鮮明で豊富」ということでした。

それを知って以来、私も実験と思って毎日、小さい頃の記憶を思い出すようにしてみた期間があるのですが、不思議な集中力が身につきました。特に小学校時代くらいの記憶が重要だと思っているのですが、その頃に喜んだ思い出、つらいと思った思い出、親に言われた思い出などを書き出してみるのがお薦めです。思い出した記憶は、玉を磨くように大切に愛でてあげると、また何かの時に思い出しやすくなります。

そして、この訓練にはもう一つの効果があります。自分の内的ＣＱを見つけやすくなるのです。**内的ＣＱは幼少時の体験などに原点があることが多いです。**親との関係、周りとの関係など、その中で感じたことがその後の価値観に関わっていることが多いからです。

夢中は内的ＣＱが正しく見つけられている状態で没入する状態だと書きましたが、このどちらにも関わっているのが「小さい頃の記憶」です。ぜひ、やってみてください。

夢とは何か？　夢中との呼応

無意識のアクセスで言えば、「夢日記」をつけるのも同様の効果があると思います。朝起きたら、見た夢を書き止めるのです。

やってみると分かりますが、枕元にメモ帳をおく、あるいはスマホのボイス機能でもいいので起きた瞬間に夢を記録しようとすると、びっくりするくらいうまくいきません。さっきまで見ていたはずの夢なのに、書き残そうとするその刹那に、さーっと潮が引いていくように手が届かなくなります。次の瞬間には、夢を見たことは覚えていても、その内容を思い出せなくなっているのです。

考えてみたら、夢とは不思議なものです。そもそも「夢中」というものには「夢」という文字が入っています。これもよく考えてみたら不思議です。

まるで夢の中にいるように集中するという意味と言えば納得ですが、それ以上の意味合いがあるのではないかと私は感じています。

人は寝ている間に、短期記憶を長期記憶に移し替えていると言われ、夢はその過程で生じるスパークとも言われます。あるいは、人は起きている時、常に複数の未来を並行してシュミレーションしていますが、「選択されなかった未来」のイメージのかけらが、記憶の整理の過程でスパークして再現されているという説もあります（その説によれば、日常でうまくいっている人ほど、現実化しなかったバッドシナリオが夢に出てくるそうです）。

いずれにしても、自分の中にある内的なイメージが「夢」という形で顔を出しているのは間違いありません。**夢は多重多層なイメージ言語ですので、額面通りの解釈が当てはまらないことも多いです。そこに様々なメッセージが含まれていると言えるでしょう。**

ちなみに子供の時の睡眠は、そのほとんどが夢を見ている状態と言われます。夢を見るレム睡眠（身体は休み、脳は活動している状態）がほぼ半分くらいを占めているのです。大人になるにつれて、次第にノンレム睡眠（身体も脳も休んでいる状態）が増えていき、レム睡眠は全体の二割ほどになるそうです。

子供の頃には必要なかったノンレム睡眠を増やすことで、頭を休ませていると言われていますが、その過程で文字通り「夢を見なくなる」というのは、皮肉としか言いようがありません。

夢を見ることは、アートを鑑賞する時間にも似ている気がします。夢というイメージ体験と、アートが意識を超えて無意識に作用することはおそらく同じ種類の体験なのではないでしょうか。

つまり「夢」はアートと同様に、意識と無意識のバランスをはかる大切な時間なのだと思います。それは「夢中になる」ことと完全に呼応しています。

自分への理解を深めるためにも、自分の「夢」を大切にして、無意識領域にある内的CQにタッチするための糸口を見つけてみてください。

と、そんな感じで没入や夢中のためのコツをいくつか挙げてみたところで、この章も終わりです。

ここまで、共感や感動が生まれる仕組みと、そのために大事な「夢中になる生き方」についてて理解を深めてきました。多少は自らの夢中状態が意識しやすくなったのではないでしょうか。そして何よりここでも忘れないで欲しいのが「TRUE」であることです。没入やフローは、環境や条件を整えると手に入れることができます。しかし、夢中は「TRUE」でなければ長続きしません。真に心から望んでいることであるから、持続できるのです。

次章では、いよいよ最終章として、夢中の原点とも言え、共感や感動とも大きく関係のある「世界観」というものについて説明していきたいと思います。

第6章

「物語」を見つけた人が手にするもの

――「世界観と自由」の話

最後のピース「世界観」とは何か

いよいよ最終章となりました。
まずはここまでのところを、おさらいしたいと思います。

第1章：「ストーリー」の話

・「夢中」は自分の物語を持っている人がなれる
・「共感」を得るには、情報をストーリーに変換する必要がある
・ストーリーとは「変化」である
・「期待」があるから「満足」が生まれる
・「TRUE」であることが何よりも大切である

第2章：「CQ」の話

・期待は「ＣＱ（セントラル・クエスチョン）」が生む
・ＣＱには「主体＋目的」「主体＋客体の目的」「主体＋障害」の型がある
・ＣＱの魅力は目的や障害の「切実さ」によって高まる
・夢中になれる自分のＣＱの型を見つけることが重要である

第３章：「構成」の話

・構成の基本は期待値のコントロールである
・標準的なストーリーの形は「ドラマカーブ」という形で表せる
・「ドラマカーブ」には７つのポイントがある
・ＣＱには、外的ＣＱと内的ＣＱがある
・内的ＣＱに向き合うことで夢中になれる

第４章：「キャラクター」の話

・夢中になるには周りとの人間関係が適切であることが必要
・キャラクターの魅力は要素や役割の期待に対して生まれる

・自分の人生に登場する主要な人達と適切な関係を結べるかが重要
・ストーリーとキャラクターは影響を与え合う。人生も同じ
・共感は相手の内的CQと自分の内的CQの重なり合ったところに生まれる

そして第5章では、この本の核心である「夢中」のメカニズムについて考察してみました。「夢中に生きる」ことは、心から望んでいることに取り組んでいる状態です。単なる忘我的な没入ではなく、内的CQを分かっていることで夢中状態になります。**自分が心から望んでいる、あるいは向き合わなければいけないと納得しているので、自然と身体も動き、本当の意味での全力になれるのです。**

夢中に取り組む姿は、自然と周りに共感され、時に感動を起こします。夢中のような没入状態は、それ自体が周りをも没入させ、惹き込む力を持っているのです。

さて、最終章となる第6章では、内的CQへのさらなる理解、そして自分の物語が見つかる瞬間の正体、その先にあるものについて話していきたいと思います。

夢中に生きるためには自分の内的CQを理解していること、つまり心の底で望んだり、

恐れていることが何かをはっきり自覚できているかが重要です。

ただ、内的ＣＱを理解するのが必要と言われても、なかなか見つからないという人もいるでしょう。人生の軸となる内的ＣＱはどうすれば見つかるのでしょうか？

実は内的ＣＱにはそれを生み出している源泉があります。それは「世界観」というものです。世界観を理解することで、内的ＣＱ、そして「自分の物語」の発見へと繋がります。

この「世界観」は全てが繋がるために必要な最後のピースとも言えるべきものです。

世界観が求められている時代

皆さんは世界観と聞いて、何を思い浮かべるでしょうか？

おそらくはアニメやSF作品などが浮かびやすいと思います。例えば『スター・ウォーズ』『アベンジャーズ』や、あるいは『機動戦士ガンダム』『ＯＮＥ ＰＩＥＣＥ』『鬼滅の刃』『呪術廻戦』『エヴァンゲリオン』などのヒット作品には、確かに世界観があると感じるでしょう。あるいは宮崎駿監督（スタジオジブリ）の一連作品、ディズニーやピクサーが作る映画などにも世界観を感じます。

世界観というのは「ブランド」に近いものと言えるでしょう。所有から体験に価値がシフトする中で重要になってきた概念です。

また世界観は、作品だけでなく人に感じることもあります。ミュージシャンや小説家、あるいは起業家やインフルエンサーなど、職業やジャンルに限らず感じられるものです。世界観は目に見えないものですが、私はその様子を「プラネタリウム」のように捉えています。世界観を感じる時というのは、ドームのように広がりを持って包み込まれるイメージです。

ここで言いたいのは、世界観は外側に広まった「現象」ではなく、それを生み出す個人の中に源泉があるということです。

プラネタリウムで言えば、世界観の正体は頭上に広がる星空空間ではなく、ドームの真ん中にあり、その星空を生み出している映写装置そのものだということです（あるいは、分かる人には分かる言い方をすると、『呪術廻戦』の「領域展開」のようなものです）。

世界観はキャラクターの魅力に近いと言えます。キャラクターの魅力は、要素や役割などから生まれる期待、それに応えたかどうか、さらには内的ＣＱへの共感から生まれると言いました。期待に応えたり共感されたりすることで生まれるという意味では世界観も同じです。世界観とは、キャラクターの内的要素を掘り下げた、その人の持っている根本的な精神や哲学なのです。

「世界観とは自分にとっての世界の意味」

「世界観」は辞書では以下のように定義されています。

世界観：世界とはこういうものだ、その中で人はこう生きるものだという、世界・人生に対する見方

例えば、人間の本性は基本的に善であるとする「性善説」や逆に悪であるとする「性悪説」のような世界観は分かりやすい例でしょう。

ディズニー映画の根底にある世界観は「性善説」ですし、「運命は自分で変えられる」「善が栄え、悪は滅びる」といったポジティブなものです。逆に「最後はお金がものをいう」「運命は変えられない」「人は争いをやめられない」といったネガティブな世界観を持っている人もいるでしょう。

別の辞書では、世界観とは「この世界は私にとってどんな意味があるのかに対するそれぞれの答え」とも書かれています。つまり世界観は、私達が何を善しとするか、何を理想とするかといったその下地とも言えるのです。

内的CQは、もう少し現実的な目的や障害ですが、世界観は根本的な価値観や行動原理を表しています。

要するに、世界観は「世界や人生に対する見方」「世界の本質を自分なりに考察した答え」であり「自分にとっての世界の意味」「自分にとっての人生の指針」です。

根本は「世界に対しての見方」ですが、それが転じて「自分にとっての理想の世界像」などを指すような使い方もするということだけ何となく理解しておいてください。

世界観を感じさせる三つの方法

人が「世界観を感じる」という言い方をする時には、ストーリーにせよ人物にせよ、自分の世界観と共通点を感じて惹かれている状態です。

世界観の種類はストーリー思考的に分類すると次のようになります。

世界観の種類

A：構成から感じられる世界観（勧善懲悪的なストーリー性など）
B：キャラクターから感じられる世界観（その人の行動指針や哲学に感じるもの）
C：設定から感じられる世界観（その世界の特徴や法則など）

Aは、ドラマカーブも含め、そのストーリーに「お約束」的な特徴があり、そこに一貫したテーマが現れているものです。小さい頃に見たスーパー戦隊やヒーローものに多い

「勧善懲悪」（善を勧め、悪を懲らしめる）が代表的です。

Bはキャラクターの生き様に一貫性のある哲学を感じる場合です。「最後まで相手を信じぬく」など、その人の信念などが挙げられます。

Cは世界の特徴などで表現されるもので、「魔法が使える」「鬼がいる」といった「その世界の理《ことわり》」のようなものです。『千と千尋の神隠し』では「仕事を持たない者は動物に変えられてしまう」というルールがあり、実際に魔法で動物に変えられてしまいます。

この中で皆さんが学ぶべきは、Bのキャラクターから感じられる世界観でしょう。ですので、以後はそこを中心に話していきます。

世界観が内的ＣＱの核となる

「キャラクターの信念から感じるもの」と言われると、内的ＣＱが思い浮かぶかもしれません。では世界観と内的ＣＱの違いとは何でしょうか？

私はこの世界観が内的ＣＱを生んでいると定義しています。つまり内的ＣＱを生み出す根本的な価値観こそ世界観なのです。世界観は「内的ＣＱの母」のような存在と言えばいいでしょうか。

例えば、内的ＣＱが「両親に認められたい」だったとして、その奥に持っている世界観が「努力が報われる世界」や「人と人が尊重し合う世界」などになるのです。

世界観が内的ＣＱを生み出す

ここまで書くと分かるように、私が第5章で「あるべき世界」と書いていたのは、実はこの世界観のことでした。

つまり、「自分にとっての世界の意味」「自分にとっての人生の指針」といった世界観から「あるべき世界」が生まれ、内的ＣＱに繋がるのです。

スタンスがあなたの世界観を伝える

内的CQを生み出す世界観ですが、これはどのようにして他人まで届くのでしょうか？**世界観は内的CQや外的CQを通じて広がり、他人に感じられるものになります。**外的CQの達成によって感じられたり、目的達成に向き合う姿勢に共感した時に感じられたりします。

そういった姿勢のことを「スタンス」と言います。皆さんが社会と接点を持つ中で、日々現実的に関わってくるものですので、少し詳しく説明したいと思います。

信頼に繋がるスタンスの決め方

「あの人は中立なスタンスだ」とか「クオリティよりスピード重視のスタンス」などというように、スタンスとは「立場や物事に取り組む態度」を指して使われます。スタンスが明確なことで言動が一致し、一貫性が出ます。その結果、周囲の人の中に「あの人ならこんな時、きっとこういう行動をしてくれるだろう」という信頼が構築されていくのです。

ここでいうスタンスは、根っこにある価値観、哲学を指し示すという意味で、世界観を具現化したものと言えます。本来、スタンスは核となる世界観から生み出され、思わず出てしまうようなものですが、時に意識的に選択することもできます。例えば世界観が「人と人が尊重し合える世界」だとして、スタンスは「マイノリティの尊重」「地域のコミュニティを重視」「SNSより対面重視」など複数考えられます。

つまり、世界観を具現化するための方法や重視する価値観にはいくつかの選択肢があるわけです。その中で、どれを選択するかというこ とがスタンスを決めるということになります。「人と人が尊重し合える世界」のために、「地域の対面的なコミュニケーション」を重視」するのか「ネットを活用したリモートなコミュニケーション」を重視するのかでは世界観は同じでもスタンスが違うわけです。

先ほどの「クオリティなのかスピードなのか」といった例を見ると気づくと思うのですが、これらは普段、私たちが仕事などで葛藤を抱きやすいトピックスです。

自分がとりたいスタンスと、現実とのギャップによって生まれた個人的な悩みや葛藤。これは私が内的ＣＱと説明してきたものに近しいですが、世界観が内的ＣＱの源泉と考えれば自然な関係性になります。**スタンスは、世界観より生じ、内的ＣＱを解決するための態度表明になり、その先に具体的な外的ＣＱがあるのです。**

「スタンスはＴＲＵＥでなくてはならない」

つまり世界観が、社会と向き合う中で内的ＣＱと外的ＣＱを生み出し、そのＣＱを達成するための姿勢が「スタンス」と言えるのですが、私で言えば次のようになります。

世界観　＝世界とは自分を知るためにある
内的ＣＱ　＝夢中になりたい、社会に対して価値を提供したい
スタンス　＝全肯定
外的ＣＱ　＝主体＋客体の目的（読者の目的＝自分の物語を見つけたい）

スタンスの「全肯定」とは、可能な限り否定しない姿勢と、西洋と東洋、科学と非科学などの統合といったビジョンに繋がっているものです。

大切なのは、ここにある全てが「TRUE」であるかどうかです。

スタンスは100人いたら100人が賛成するようなものより、人によって意見が分かれるもののほうが意味を持ちます。甲乙つけがたいものに対してどちら側につくかを決めることで、選択に意志が表れ、強く世界観が感じられるからです。

「なんとなく、そっちのスタンスを取ったほうがウケるんじゃないか」「このスタンスのほうが応援してもらいやすいんじゃないか」と考えがちですが、その考え方は危険です。あくまで自分自身に偽りないスタンスを取るべきです。

戦略的に考えすぎて、「TRUE」でないスタンスを取ると、いつかはほころびが出てしまいます。結果、世界観は崩れてしまうのです。

これは、企業の企業理念を参考までに出すと分かりやすいと思います。現代では、ほとんどの企業がビジョン、ミッション、スタイル(あるいはバリューなどとも言う)を表明しています。

ビジョン　：目指す理想の姿、どういった世界を理想としているか
ミッション：果たすべき使命、存在意義、具体的な目標
スタイル　：それを達成させる賞賛すべき行動基準、価値基準

ストーリー思考で対応させていくと、ビジョンが世界観、ミッションがCQ、スタイルがスタンスに相当します。自分が憧れるブランドの理念を見れば、きっと自分が共感している理由がそこに書かれているはずです。

逆に、掲げた理念が単に世間や従業員のウケを意識したものであったり、実際の企業活動と乖離があったりする場合は、ブランドとしての信用が落ちます。世界観も感じられずに支持されないのです。

私達の「物語」が見つかる瞬間

ここまでの話をまとめていきます。

世界観、内的ＣＱ、外的ＣＱは、この順番で連続して外部の世界へと広がっていることが分かります。「スタンス」は世界観から生まれ、外的ＣＱを通じてアクションをする際、その達成を後押しする姿勢を表しています。

これらをまとめると、次ページのような図になります。

「世界観」「内的ＣＱ」「外的ＣＱ」は本来、一直線になっているのが自然ですが、現実的には噛み合っていないことも多いでしょう。

往々にして私達は、社会との接点の中で外的ＣＱが否が応にも決まってしまうことがあります。望まなくとも仕事としてやらなければいけないなどの場合です。

世界観、内的CQ、外的CQ、スタンスの概念図

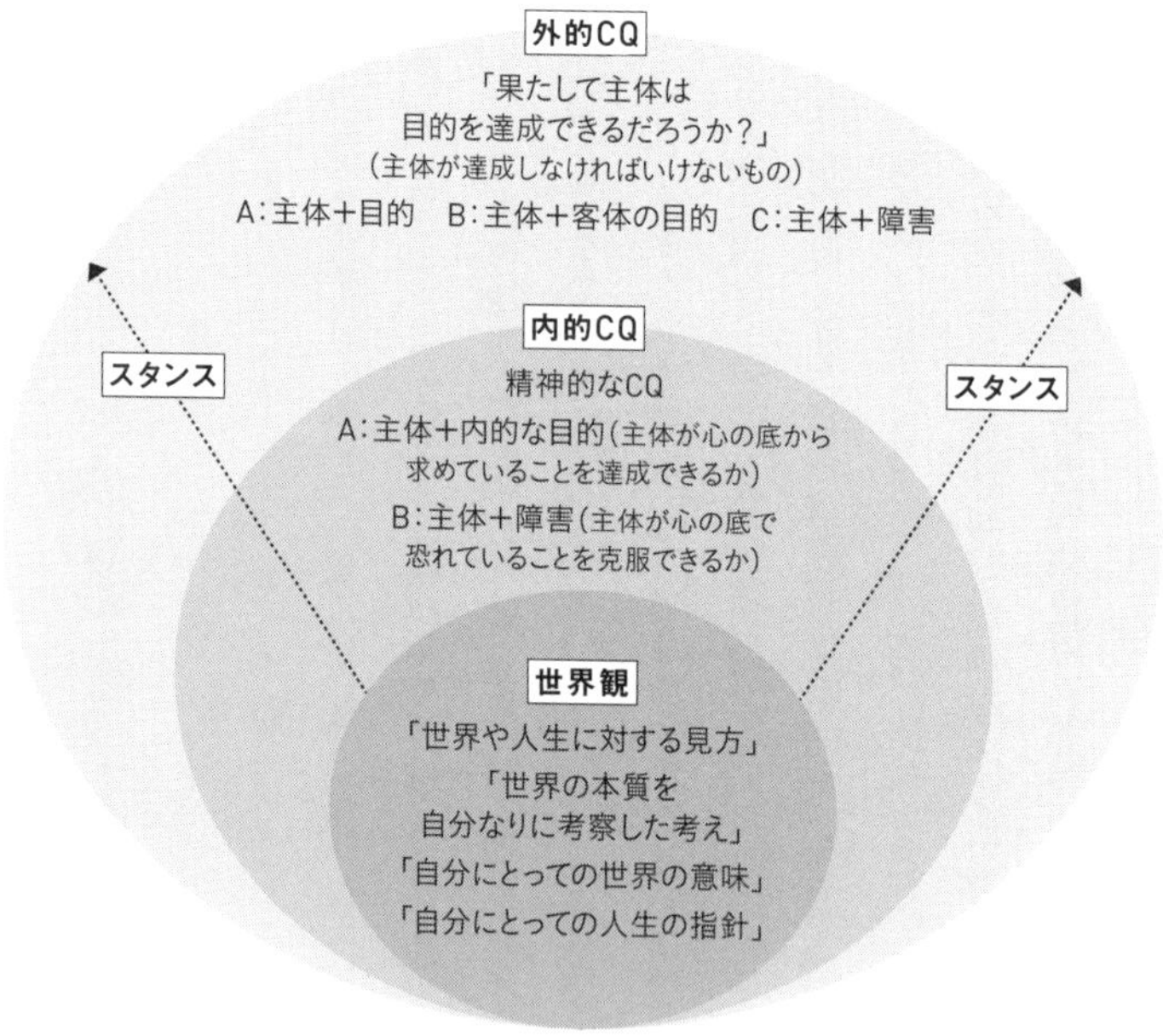
外的CQ
「果たして主体は
目的を達成できるだろうか？」
（主体が達成しなければいけないもの）
A：主体＋目的　B：主体＋客体の目的　C：主体＋障害
スタンス
スタンス
内的CQ
精神的なCQ
A：主体＋内的な目的（主体が心の底から
求めていることを達成できるか）
B：主体＋障害（主体が心の底で
恐れていることを克服できるか）
世界観
「世界や人生に対する見方」
「世界の本質を
自分なりに考察した考え」
「自分にとっての世界の意味」
「自分にとっての人生の指針」

その結果、自分の世界観や内的CQと連続していないという状態が生まれてしまいます。連続していないばかりか、連続していないことをやむなく誤魔化します。

だから、自分の内的CQ（本当にやりたいこと）と外的CQ（現実的にやらなければいけないこと）がズレた生き方に消耗してしまうのです。

それは本来の姿でないばかりか、骨組みがガタガタな凧《たこ》を飛ばすようなものです。

そのバランスの悪さゆえに、天までは届かず途中で落ちてしまいます。当然、夢中に生きることなどできません。

これは多くの人が抱えている悩みです。しかし、丁寧に自分を見つめ、理解を深めていけば、必ず自分にしか作れない美しい凧が組み立てられます。そのためにも、自分の魂と言ってもいい世界観から見つめ直していきましょう。

「外的CQ→内的CQ→世界観」と、少しずつ内側にフォーカスしていくのがいいと思います。段々と外堀を埋めるように、意識を心の奥底に染み入らせていくと、おぼろげに世界観が見えてくるのです。

世界観とＣＱに交互に向き合う

外的ＣＱ、内的ＣＱ、世界観は、人生のステージによって変わります。

私の主観ですが、外的ＣＱは何かを達成すれば次のものに変わるため1年から3年で更新されます。内的ＣＱの場合は、外的ＣＱほどは変わらず5年から10年ぐらいで変化していくイメージがいいでしょう。

世界観はＣＱほど頻繁には変わりませんが、何か大きな感動があることで、変わりえます。世界観が変わるような出会いや感動は、人生の奇跡とも言えるものでしょう。

自分と向き合うという作業は、「外的ＣＱ↓内的ＣＱ↓世界観」と外側から内側を見つめることです。一方、生きることは「世界観↓内的ＣＱ↓外的ＣＱ」という順番で、外部との関わりを持っていくことと言えます。

人生とはこれを交互に繰り返す営みと言えるでしょう。

この上り、下りのような関係は、「抽象化」と「具象化」にも近い構造です。どちらが正

解ということではなく、最も美しく繋がる瞬間を目指して、ひたすらに行ったり来たりを繰り返すのだと思います。

そうして、自分と向き合い、現実と向き合っていれば、いつか「世界観」「内的CQ」「外的CQ」がスッと繋がる時が訪れます。それが、まさにあなたが「自分の物語を見つけた」瞬間なのです。

現実的には、じっと考え続けて見つかるというよりは、理想と現実、自分と世界のはざまでもがき続ける中で、訪れるのでしょう。

あるいは、夢中で何かに取り組めた後に、手応えを感じ、そのような体験が続く中で、次第に確信していくようなプロセスかもしれません。見つかってしまえば簡単なものですが、すぐに至らずとも自分と向き合い、可能性や問いを追求していく姿勢が重要です。

「自分の物語」が完全には見つかっていない状態でも、なんとなくそうかなと思えてきたらきっと夜明けは近いはずです。夢中になれていること自体が、目指す方向性の正しさを指し示しているはずです。そしてある時、その瞬間は訪れるのでしょう。

「自分の物語」を見つけた瞬間、あなたの人生は本当の始まりを迎えます。それは、ずっと昔からあったものかもしれませんし、ようやく見つかった新しいものかもしれません。それを見つけたことで、人生を夢中になって生きられ、あなたの物語は、新しい命を吹き込まれたかのような輝きを放ち始めるのです。

型はその先へ行くためのもの

いよいよ、本書も終わりに近づいてきました。最後に、「自分の物語が見つかり、夢中に生きることで得られるもの」について書きたいと思います。

「型があるから型破り、型がなければ形なし」

これは伝統芸能の世界などで言われることです。「型破り」というのは「型」を知っているからこそ破れるのであって、「型」を習得もせず好き勝手やるのは「形なし（型なし）」だと。私はこの言葉がとても好きです。

この本では「CQ」「ドラマカーブ」「キャラクター」などの型を紹介してきました。それらを学ぶ中で「型にはまった人生を送るなんて嫌だ」と思われた人もいるかもしれません。

その気持ちは理解できます。現代は、合理性や効率を重視する中で、画一化が進んでいると言えるでしょう。型にはまると、全員が同じようなパターンになり、似たような幸せや目標しか描けないのではないかと思うかもしれません。しかし、違うのです。

型にはまるのがゴールではなく、それを超えたところに行くために型が必要なのです。

「守破離」という言葉があります。意味するところは、まずは型を徹底的に「守《まも》」るところから始め、型を習得し極める。その後は、時に「破《やぶ》」り自分の型を模索して、最後に「離《はな》」れて自分の型を手に入れるという修行のプロセスを表しています。ちなみに「離」は、型から離れつつ、型の精神をも両立するのが望ましいとされています。

私にとっては「型」は、宇宙に行くための第一弾ロケットのようなものです。型の力を利用して自動的にできるだけ高いところまで飛び、そこから先、自分の力を存分に発揮することで、どこまでも遠くまで行って欲しいのです。

多くの「型」には先人の知恵が詰まっています。先人達の努力や経験から導き出された共有の財産は受け継ぎ、ありがたく活用していきましょう。その先人達の思いや、そこに詰まっている歴史を感じることで、勇気が湧いたりするはずです。

野球のイチロー選手が以前、自分の強みは「思った通りに身体を動かせること」と語っていました。そのためには、自分の身体を知ること、そして思った通りに動かせる技術が必要になります。

人は訓練しなければ、自分の身体を思い通りには動かせません。まっすぐの線を書いたり、綺麗な丸を描いたりもできなければ、スポーツや舞踊のような複雑な動きは尚のことです。

第5章でも書いたことですが、目の前のことに高い集中力で臨むことで夢中や没入と言った状態に入り、高いパフォーマンスをあげることができます。そのための技術やコンディション作りは欠かせないものです。

さらに言えば、最終的には技術に囚われないことも重要になってくるでしょう。守破離と同じことです。技術だけではなく、過去の成功や栄光なども同様です。そういったものに囚われず、一心に集中することで、得られるのが「夢中」の境地と呼べるものなのです。

物語を描いた先にある自由な世界へ

映画や演劇の世界には「アドリブ」というものがあります。アドリブとはシナリオに書かれていないセリフや演技のことです。現場の状況やお互いの芝居など、全ての要素が噛み合った時に、生まれるものです。

シナリオに書かれていないことをするため、うまくいかないと違和感が出ることもあります。それに、アドリブがあるから良い作品ということではないのですが、現場で良いアドリブが生まれた時に生じる一体感は言葉にできないものです。

実際、良いアドリブは驚きもありつつ、それがさも自然であるように感じられます。まったく予定されていなかったけど、でもどこか予定されていたようでもある。

この「偶然でいて、どこか必然」という状態は、私がとても尊いと思えるものです。

しかし、それが「型破りではなく形なし」になってしまっては本末転倒です。

実際、良いアドリブは良いシナリオから生まれます。そのまま演じても十分に良いシーンになる安心感があるからこそ、安心してアドリブにトライできるのです。

それは人生でも同じでしょう。自分の世界観や内的CQが見つかり、向かうべきゴールがきちんと定まった上で、時には、思うままに脱線しても良いと思えれば、自分の生き方に余裕が生まれます。良いストーリー、そして自分の役割への納得、さらには周りとの調和。これらがあることで、アドリブという自由や創造性が生まれます。

「自分が向かっている先が間違っていない」という安心感があるからこそ、挑戦という名のアドリブができるのです。

人生は創造活動。夢中はその輝きである

私のモットーは「創造性とは自分への扉」です。

私にとっての作品作りには、自分自身を知るという一面があります。作品を作る過程で自分自身の理解を深め、それがまた作品に生かされているのです。

そして「創造性（クリエイティビティ）」は、エンターテインメントやアートのような活動の中にあるだけではなく、私達全ての行動にまつわるものであり、人生そのものだとも言えるでしょう。

自分の過去から現在、未来を貫き、世界観から内的ＣＱ、外的ＣＱへと貫かれる一つの連続性。「私の物語」と呼べる、それらの連続性や全体性が何よりも大切です。

それはずっと前から、あなたの中に存在し続けるものです。そして常に新しく生まれ変わり続けているものでしょう。

自分の物語を見つけることは、「見つける」という客観的な表現よりも、「本当の自分になる（ｂｅｉｎｇ）」という表現のほうが正しいかもしれません。

「創造性（クリエイティビティ）」は作るという行為そのものではなく、それを生み出すあなたの存在そのものなのです。

「自分の物語」を見つけた瞬間、自分の生き方に確信めいたものが感じられ、夢中と同様、時間を超越した瞬間が訪れます。そこから常に更新され続ける姿こそ、素晴らしく自由で情熱に満ちた人生の輝きです。皆さんの物語は、皆さんに見つけられ、愛され、一体化して伸び伸びと光を放つことを今か今かと待っているのです。

自分とは、世界と動的平衡な存在

「自分の物語」を見つけることで、「本当の自分」といったものが見つかるかもしれません。心の底でなりたいと思っていた姿です。

ただし、自己完結したものではなく、「本当の自分」は世界と調和しているべきだという話を最後にさせてください。

第4章で、ストーリーとキャラクターはどちらが先かではなくて、常にお互いに影響を与え合うものだと話しました。その動的平衡から生まれる緊張感こそが、私は人生におけるエネルギーだと考えています。

そして「世界観→内的CQ→外的CQ」とまっすぐに繋がった「私の物語」が、自分の外部と動的平衡が保たれている状態を目指して欲しいのです。

そのために必要なものは多岐にわたります。社会情勢や世界情勢を知ればいいということとではありません。表層的ではなく、深層に通底しているものを理解、あるいは体感しなければいけません。

この本でゴールとして目指したことは、「自分自身と向き合い、自分を深く理解する」ことでした。それは歴史を知り、文化を知り、人間という生命を理解することに繋がります。

もっと言えば、これという知識を学ぶということではなく、あらゆる学問に通底する「フラクタクルなエッセンス（自己相似的な本質）」を学ぶということかもしれません。

私は、古来から続く「道」と呼ばれるものは、それぞれの入り口からその本質を求めたものではないかと思っています。

剣道、柔道、弓道、空手道などといった「武道」、茶道、華道、書道、日本舞踊といった「芸道」、あるいは能楽、狂言、歌舞伎、人形浄瑠璃といった「伝統芸能」、陶芸、工芸、民藝といった「伝統工芸」。これらはそれぞれのやり方で自分と向き合い、世界と向き合うための「道」だったのでしょう。

そこで自分を極めつつ、世界との動的平衡を成す。夢中はその原動力であり、自分と世界の本質が繋がる特別なトンネルみたいなものだと捉えています。

歴史や芸術に触れた時、あるいは世界を旅行して人類の多様性に触れた時、自分の世界観が更新されるようなものを感じることがあります。

それは、世界との連続性、あるいは失われた全体性を取り戻す感覚です。

世界の「物語」と自分の「物語」が接続された瞬間と言っていいでしょう。

そうやって本当の自分を見つけ、どこまでも大きく広く、世界との動的平衡が保たれた状態。それが、人生という道の先にあるものだと思います。

「自分の物語」を見つけることは終着点ではなく、希望のつまった始まりです。本当の自分となり、世界との循環の果てに、皆さんの人生がいつまでも夢中でありますように。

そう願って、本書を締めくくらせていただきます。

おわりに――夢中とは問いを愛する姿勢

最後までお読みくださり、誠にありがとうございました。

自分の持っているストーリー理論を、どうやって人生に活かすことができるのか。頂上の見えない山に登るような体験でしたが、最後の原稿を書いている今、そのありがたさを噛み締めています。

本文中でも何度か書きましたが、人は分からないものを放っておけない生き物です。私はこれこそが人間の本質だと思っています。

「分かる」という言葉の語源は「分ける」です。文明の発展とは（特に西洋文明では）分からないものを分け、分からないものを無くすことがゴールと言えます。

一方、東洋的な世界観では、最初から全ては混沌と存在しているというスタートになり、分けるのではなく統合しようとするのです。それでも「悟り」とは、全てが分かった状態であると捉えると、西洋と東洋の目指す先はどちらも同じだと言えるでしょう。

分からないものがあるということは、決して障害でもマイナスなことでもありません。

この本の編集者との最初の打ち合わせで言われたのは、「迷っている人が多い」「自己理解や強みが見つかる本にしたい」ということでした。

なんとかその期待に応えたいと思いました。自己理解が進み、世界が分からないと迷っている人が、分かるようになる本を目指しました。

そうやって書き上げた今思うことは、「とはいえ、そう簡単に分からないのだとしたら、割り切ってそれを楽しめばいいのかもしれない」といったことです。

もちろん、自分の物語を見つけ、夢中になって生きるということが何より大切だという気持ちは変わりません。しかし、今素直に感じているのは、「分からないということ」も大切にしたいという気持ちです。

この原稿を書いていて思い出したことがありました。昔、イースター島を旅行していた時に、半年以上も世界一周の旅をしている日本人に会った時のことです。私は彼が長い旅をする中で、辿り着こうとしている境地のようなものに興味がありました。様々な話をする中で私は「あなたにとって旅とはなんですか?」と質問しました。その返答はこうでした。

「旅とは何か？　ずっとそのことを考えて旅を続けていますが、まだ答えは出ていないです。そして最近ではその問いを愛する姿勢こそが重要なのだと思うようになりました」

私はその言葉がしばらく頭から離れませんでした。

分からずとも、迷いが晴れずとも、問いを愛する姿勢を持ち、問い続けながら夢中になる。そんな生き方もあると思います。

ストーリー思考の本質がどこにあるかと言えば、過去、現在、未来と、点と点を繋いで線として認識し、問題発見や問題解決に繋げることだと思います。

ある意味では、現在の「点」をどれだけ遠く過去や未来に伸ばせるか、自分一人で完結するのではなく、周りや世界と調和させながら、点を線や面へと大きくしていくことが目的です。

しかし、その思考の果てに辿り着いたのは、ぐるっと一周して、自分という点に戻った感覚です。

螺旋のように一見同じ位置に戻ったように見えても、前より満ちた点になっている気がします。そこには刻み込まれたプロセスと、新たに生まれた「問いを愛する姿勢」があるのです。

分からなくとも楽しんでください。

「ストーリー」として距離を保つことで、楽しめる余裕ができるかもしれません。そうして何かが見つかったら、また「物語」として主体的に生きればいいのです。

分かることだけが正解ではないでしょう。
分からないことにも意味はあるはずです。
自分の内的ＣＱや世界観は、分かったと思ったらまた次の扉が開かれる。
そのくり返しなのかもしれません。
私にとってはこれを書き上げるまでが、まさにそのような時間でした。

しかし問いを愛する姿勢によって、いつまでも夢中でいられる気がするのです。

本書を執筆するにあたり、多くの友人と私が主宰するストーリーラボのメンバーに助言をもらいました。助言を求めることは、私という人間をさらけ出す感覚でした。フィードバックをもらうことが、何よりかけがえのない時間でした。感謝しています。

私にとってこんなにも長い文章を書くことは初めての経験で、貴重な機会を与えてくださったクロスメディア・パブリッシング様には心から感謝しています。特に編集の石井さんは、私の文章を何度も何度も丁寧に読んで、読者が受け取りやすい形にしようと愛情を持って付き合ってくれて、本当に感謝しています。

そして、何より読み手がいてこそ、この本は「いのち」を付与されます。読んでいただいた皆さまとの素敵なご縁も、私の人生の宝です。本当にありがとうございました。

たちばな やすひと

下記は私のｎｏｔｅのページへのＱＲリンクです。
ぜひ、感想をお寄せいただければ嬉しいのと、
何か質問があればコメントの形で記入いただければ、
可能な限りお答えしようと思います。
詳しいストーリー理論や、本書の補足記事なども説明されています。
ぜひアクセスしてみてください。

https://note.com/yasuhito19751214/

参考文献

稲葉俊郎著『いのちを呼びさますもの―ひとのこころとからだ―』アノニマ・スタジオ
三宅陽一郎著『人工知能のための哲学塾』ビー・エヌ・エヌ
佐渡島庸平著『観察力の鍛え方　一流のクリエイターは世界をどう見ているのか』SBクリエイティブ
三浦崇宏著『言語化力　言葉にできれば人生は変わる』SBクリエイティブ
漆原正貴著『はじめての催眠術』講談社
川村元気著『理系。』文藝春秋
岡本太郎著『日本の伝統』光文社
前野隆司著『脳はなぜ「心」を作ったのか―「私」の謎を解く受動意識仮説』筑摩書房
乾　敏郎著『感情とはそもそも何なのか　現代科学で読み解く感情のしくみと障害』ミネルヴァ書房
鈴木　祐著『無（最高の状態）』クロスメディア・パブリッシング
伊藤東凌著『心と頭が軽くなる週はじめの新習慣　月曜瞑想』アスコム
尾原和啓著『プロセスエコノミー　あなたの物語が価値になる』幻冬舎
八木仁平著『世界一やさしい「やりたいこと」の見つけ方　人生のモヤモヤから解放される自己理解メ

ソッド』KADOKAWA
小西利行著『プレゼン思考』かんき出版
細谷　功著『具体と抽象』dZERO
鶴岡真弓著『ケルトの想像力―歴史・神話・芸術―』青土社
Amy Okudaira（奥平 亜美衣）著『本当の自分を知る本　不安、迷い、執着から解放され、自由自在に生きるたったひとつの方法』SBクリエイティブ
yuji著『「風の時代」に自分を最適化する方法　220年ぶりに変わる世界の星を読む』講談社
安藤美冬著『つながらない練習』PHP研究所
矢野和男著『データの見えざる手　ウエアラブルセンサが明かす人間・組織・社会の法則』草思社
山岸俊男著『安心社会から信頼社会へ　日本型システムの行方』中央公論新社
ユクスキュル、クリサート著『生物から見た世界』岩波書店
アントニオ・ダマシオ著『進化の意外な順序　感情、意識、創造性と文化の起源』白揚社
河合隼雄著『無意識の構造　改版』中央公論新社
井筒俊彦著『意識と本質―精神的東洋を索めて』岩波書店

【著者略歴】
たちばな やすひと
プロデュース会社「Nemeton」代表。東京大学卒業後、有線ブロードネットワークス（現USEN）を経て、2004年にドリマックス・テレビジョン（現TBSスパークル）入社。主なプロデュース映像作品は、『全裸監督』（Netflix）、『オー・マイ・ジャンプ！～少年ジャンプが地球を救う～』（テレビ東京）、『マリオ～AIのゆくえ～』（NHK）、『ふたつのスピカ』（NHK）ほか。その他、『情熱大陸』やNewsPicksにおいてドキュメンタリー制作、『暁の帝』『クローバーに愛をこめて』など舞台プロデュースも手がける。現在、noteにおいて「ストーリーラボ」というサークルを運営。ストーリー理論の探求と、メンバー参加の物語制作なども多数展開。

twitter：@yasuhito1214
Facebook：https://www.facebook.com/yasuhito19751214

「物語《ものがたり》」の見《み》つけ方《かた》

2021年11月 1日　初版発行

発行　株式会社クロスメディア・パブリッシング
発行者　小早川 幸一郎
〒151-0051　東京都渋谷区千駄ヶ谷4-20-3 東栄神宮外苑ビル
https://www.cm-publishing.co.jp
■本の内容に関するお問い合わせ先 …………………… TEL（03）5413-3140／FAX（03）5413-3141

発売　株式会社インプレス
〒101-0051　東京都千代田区神田神保町一丁目105番地
■乱丁本・落丁本などのお問い合わせ先 ……………… TEL（03）6837-5016／FAX（03）6837-5023
service@impress.co.jp
（受付時間　10:00～12:00、13:00～17:00　土日・祝日を除く）
※古書店で購入されたものについてはお取り替えできません

■書店／販売店のご注文窓口
株式会社インプレス　受注センター ………………………… TEL（048）449-8040／FAX（048）449-8041
株式会社インプレス　出版営業部 ……………………………………………………… TEL（03）6837-4635

カバー・本文デザイン・図版作成　三森健太（JUNGLE）
DTP　茂呂田剛（有限会社エムアンドケイ）
印刷　株式会社文昇堂／中央精版印刷株式会社
製本　誠製本株式会社
ISBN　978-4-295-40616-7　C2034